享祉共福 至善求索

以人民为中心的共同富裕之路

杜志雄 檀学文 等著

北京时代华文书局

图书在版编目（CIP）数据

共享福祉，至善求索：以人民为中心的共同富裕之路 / 杜志雄等著. — 北京：北京时代华文书局，2022.12
ISBN 978-7-5699-4732-8

Ⅰ.①共… Ⅱ.①杜… Ⅲ.①共同富裕—研究—中国 Ⅳ.①F124.7

中国版本图书馆 CIP 数据核字（2022）第 211388 号

拼音书名 | GONGXIANG FUZHI，ZHISHAN QIUSUO：YI RENMIN WEI ZHONGXIN DE GONGTONG FUYU ZHI LU

出 版 人 | 陈　涛
责任编辑 | 周海燕
责任校对 | 薛　治
装帧设计 | 程　慧　赵芝英
责任印制 | 刘　银　訾　敬

出版发行 | 北京时代华文书局　http://www.bjsdsj.com.cn
　　　　　北京市东城区安定门外大街 138 号皇城国际大厦 A 座 8 层
　　　　　邮编：100011　电话：010-64263661　64261528

印　　刷 | 三河市航远印刷有限公司　0316-3136836
　　　　　（如发现印装质量问题，请与印刷厂联系调换）

开　　本 | 710 mm×1000 mm　1/16　印　张 | 15.75　字　数 | 261千字
版　　次 | 2022 年 12 月第 1 版　印　次 | 2022 年 12 月第 1 次印刷
成品尺寸 | 170 mm×240 mm
定　　价 | 98.00 元

版权所有，侵权必究

序言

促进共同富裕：
长期任务的现实紧迫性

蔡昉

刚刚召开的中国共产党第二十次全国代表大会（以下简称"党的二十大"）将实现全体人民共同富裕视为中国式现代化的本质要求。实现共同富裕既是一项长期任务，也是当前的紧迫工作。在正确认识这一长期任务的现实紧迫性时，可以将长期与短期、供给侧与需求侧两对因素结合起来分析，从而将长期和中期的增长趋势、短期和近期的经济形势以及共同富裕的远景目标结合起来科学研判，以此避免短期任务与长期目标的优先顺序不当。

"长期""短期"与"供给侧""需求侧"两对因素交叉形成四种组合，密切关注这四种组合的实际情形并加以科学地分析，能够很好地揭示出中国在每一个时期的紧迫性挑战和长期任务。比如："供给侧"与"长期"组合起来，最典型的表现就是2010年中国劳动年龄人口达到峰值，与此相关的是我国经济遭遇供给侧冲击。就此，党中央作出中国经济发展进入新常态的判断，部署了供给侧结构性改革，着眼于提高生产率和潜在增长率。这个时期虽然经济增长减速了，但是仍然实现了合理增长。同时，其间没有遭遇需求侧的冲击，通过供给侧结构性改革，预期的潜在增长率和后来实现的实际增长率是高度一致的。

再比如"需求侧"与"长期"的组合，正发生在我们面对百年变局和世纪疫情相互叠加的复杂局面之时，这不仅仅对中国经济造成短期冲击，也形成一个长期的常态性制约。也就是说，人口拐点出现以后，中国经济增长的需求侧制约成为常态。2021年，我国的人口自然增长率是 0.34‰，说明人口已经接近峰值。当年 65 岁及以上老年人的占比已经达到 14.2%，按照国际标准，我国已经正式进入老龄化社会。人口总量、年龄结构、收入水平、收入分配四重因素产生叠加效应，对居民消费产生抑制作用，使需求对经济增长的制约常态化。人口趋势通常是稳定的，至少在可预测的期间如此。因此，稳定和扩大消费需求，需要依靠深化改革和推动政策调整，在保持潜在增长率稳定的同时以足够的需求水平予以支撑。

从"需求侧"与"短期"组合的情况来看，新冠肺炎疫情的发生、必要且有时十分严格的防控措施，不仅在供给侧对实体经济活动造成不利影响，也因对就业产生冲击而在很大程度上降低了居民收入的增长速度，进而抑制了消费需求。因此，当前的任务是在保市场主体从而保供给的同时，还要保基本民生，即通过保障个人的就业岗位，稳定家庭收入和消费，从而防止因需求不足影响消费的稳定，为整体经济的复苏提供保障。

明确了在长期与短期、供给侧与需求侧，乃至宏观与微观的组合框架中，观察宏观经济形势和经济增长趋势，进而作出准确判断的必要性之后，我们便能够更好地分析和应对中国经济在新起点上面临的新挑战，从而把促进全体人民共同富裕这一长期目标与应对短期挑战有机衔接起来。

首先，随着人口峰值临近和老龄化程度加深，供给侧稳定潜在增长率的压力将加大。人口因素对经济、社会、民生诸多方面的严峻挑战将愈发显现出来，会通过以下表现使原来预测的潜在增长率进一步下降。如劳动年龄人口加快减少、人口抚养比加速提高、劳动力短缺现象越发严重，进而影响人力资本改善、资本回报率稳定和生产率提高，最终都通过生产函数产生不利于潜在增长率的效果。中国社会科学院研究者对潜在增长率曾经作出"中位"和"高位"两种预测，前者是自然趋势，后者则是明显加大改革力度后的前景。从这个含义看，应对未来的人口负增长和更深度老龄化，需进一步推动相关领域改革，以对标"高位"预测前景的改革力度，获得真金白银的改革红利，至少保障潜在增长率实现"中位"预测的前景，即实现经济增长速度取乎其上，保乎其中。

其次，人口增长过缓的新挑战在需求侧也突显出来。人口因素通过四种效应对居民消费扩大产生不利影响。一是人口的总量效应。人就是消费者，人口增长则消费自然增长，人口负增长则消费增长就受到抑制。二是年龄结构效应。中国老年人的消费能力、消费倾向比较低，因而社会老龄化不利于消费扩大。三是收入效应。居民收入增长速度下降，必然以相应的下降"节奏"降低消费增长速度。四是收入分配效应。高收入人群消费倾向低，低收入人群消费倾向高但收入不足。因此，收入差距过大必然抑制消费。以上分析从理论上给了我们警示，同时借鉴几个经历过人口负增长的市场经济国家，如日本、新加坡、意大利和希腊的情况，我们也可以看到，在人口增长到达零点进而转入负增长时，消费增长率也会随之下降到较低水平。

对此，我们必须做好充足的准备，要把扩大总需求特别是居民消费需求以及需求侧改革提上议事日程，置于应有的改革优先地位。在宏观战略上，党中央已经作出重大部署，如以国内大循环为主的双循环、改善收入分配、推动实现共同富裕等，现在紧迫的任务是在战术上对时间表和路线图作出安排。在这方面，理论界和政策研究界的智库学者义不容辞。我在中国社会科学院的同事杜志雄、檀学文等撰写的《共享福祉，至善求索：以人民为中心的共同富裕之路》一书，以八章的篇幅做了有益的尝试。借此机会，基于前面所述来自供给侧和需求侧的挑战，我就如何推动实现共同富裕，在促进经济增长和促进全体人民共享经济发展成果两方面着力，提出一点个人的看法。

第一，消除城乡二元经济结构，特别是促进城镇化发展，降低农业劳动力比重。从现在到2035年的十几年时间，是一个消除二元结构的机会窗口期。对比人均GDP（国内生产总值）介于12000～24000美元的高收入国家，我们可以发现，总体上这些国家的城市化率更高，农业就业比重更低，这意味着我们与他们还有很大的差距，要进一步推进城镇化。具体分为三点：一是要缩小在城镇化方面与这些国家的差距；二是要缩小常住人口城镇化率和户籍人口城镇化率之间的巨大差距；三是要进一步做好农村劳动力转移就业工作。

如果能利用好窗口期，在这些方面取得明显成效，就可以取得一箭双雕的效果。一方面可以增加非农产业的劳动力供给，提高劳动力转移比例，继续获得资源重新配置效率，从而提高全要素生产率和劳动生产率，达到在供给侧提高潜在增长率的效果；另一方面可以明显增加农民收入进而增加全体居民收入，缩小城乡居民之间的收入差距，让更多农民进城以后变成城镇居民，切实提高消费水平。可见，消除城乡二元经济结构是在供给侧、需求侧都可以带来真金白银改革红利的关键举措。

第二，明显改善收入分配，提高国民享有基本公共服务方面的均等水平。过去10余年来，我国居民收入的基尼系数总体呈平缓下降的态势，但总体水平仍然偏高，目前约为0.466。这意味着缩小收入差距既是紧迫的任务，也是符合经济社会发展一般规律的要求。缩小收入差距也意味着需要加大再分配力度，扩大政府在社会福利方面的支出。事实上，很多收入差距比较小的国家，主要是通过税收和转移支付来降低初次分配后的基尼系数。此外，加大基本公共服务保障力度，可以更好满足国民基本生活之需、解除消费后顾之忧和阻止贫困代际传递。

第三，加快和显著扩大政府的社会性支出，特别是加大这类支出占GDP的比重。根据所谓"瓦格纳定律"，随着人均收入水平的提高，政府支出特别是政府的社会福利支出占GDP比重逐渐提高是一个规律性的现象。中国政府支出占GDP的比重以及社会性支出占政府支出的比重，迄今都仍然偏低，可以说形成了"双重缺口"。

把瓦格纳定律放到中国的国情中来看，我国到2035年的发展目标是人均GDP有望进一步提高到24000美元，这也是政府支出占比应该加快提高的"瓦格纳加速期"。因此，我们从经济社会发展的一般规律和中国面临的现实挑战来看，要明显降低基尼系数、提高人民福祉和扩大消费需求，就需要提高社会福利支出，完善相关的再分配的举措既重要又紧迫。

最后，把应对新冠肺炎疫情对民生的冲击与促进共同富裕无缝衔接。我们应该对防控疫情与稳定经济、保障民生，以及疫情后经济复苏，进而继续保持经济持续增长的后劲有充分的信心，我们也有足够的物质基础和底气不断加强社会福利体系建设，改善收入分配和做好再分配。更重要的是，在当前所处的发展阶段上，经济增长的制约因素越来越多地转移到需求侧，因此，"分好蛋糕"以缩小贫富差距并保持消费总量的稳定和扩大，是"做大蛋糕"即实现经济在合理区间增长的一个必要前提。

是为序。

2022年10月

导言　观照处于新的时代方位的"我们" / 1

第一章
共同富裕是社会主义的本质要求

一　新时代中国强调共同富裕的必然性 / 3
二　新发展阶段推动共同富裕的必要性 / 15
三　共同富裕社会：从小康到大同的至善求索 / 24

第二章
以人民为中心的共同富裕的内涵

一　全面发展的富裕 / 35
二　所有人的富裕 / 50
三　循序渐进的共同富裕 / 56

第三章
低收入群体的共同富裕

一　低收入人群的规模和分布 / 63
二　低收入人群的两种类型 / 66
三　低收入人群共同富裕的条件与挑战 / 72
四　低收入人群共同富裕的总体思路 / 82

第四章
农民农村的共同富裕

一　乡村是共同富裕的"洼地" / 93
二　乡村落后的历史轨迹 / 99
三　新世纪城乡关系的重构 / 103
四　正确认识农民农村共同富裕 / 109
五　实现农民农村共同富裕的两大路径 / 112

第五章
西部地区居民的共同富裕

一　西部区域发展的政策回顾 / 121
二　各区域共同富裕的愿景 / 128
三　增强西部内生发展能力 / 131
四　健全区域共同富裕的协同机制 / 139

第六章
青年群体的共同富裕

一　当代青年的总体特征 / 149
二　青年农民工 / 156
三　白领青年 / 161
四　发扬当代青年在共同富裕中的重要作用 / 167

第七章
高收入人群在共同富裕中发挥更积极作用

一　积极参与第三次分配 / 175
二　发挥全面带动作用 / 181
三　率先追求自我实现 / 187
四　在共同富裕道路上大有可为 / 192

第八章
中国共同富裕的现实路径

一　走高质量发展的共同富裕之路 / 201
二　走区域协调发展的共同富裕之路 / 207
三　走共享发展成果的共同富裕之路 / 215
四　走民生服务发展的共同富裕之路 / 222

后　记 / 228

导言

观照处于新的时代方位的"我们"

这是一本写给新时代每一个"我"的小书。中国从20世纪90年代起成为一个制造业大国,后又成为一个制造业强国。现在我们看到,中国几乎无物不丰产,不仅物质产品,而且文学产品、艺术产品、学术产品等精神产品也都形成了强大的生产力。几乎任何一个新话题出来,不出几个月,就会陆续有论文、报告、专著发表或出版。共同富裕问题就是一个很好的写照。一位非常有名的学者大概10年前出版了一本关于共同富裕的书,里面描写的前景现在看来仍然很宏大,当然有些预判的情况也在很大程度上实现了。这本书在很长时间里并不怎么受关注,甚至可能因其极为乐观的言论而被视为梦语。如今,当推动共同富裕成为中央正式决策时,不仅这本书"火"了起来,而且各种研究共同富裕的机构、学者、成果也都如雨后春笋般涌现。这再一次印证我国已经具备了文化产品上的丰产能力,学术研究需要这样的百花齐放。

但是,与此同时,我们也深深感觉到探讨共同富裕主题的现有著述中似乎还缺些什么。我们发现,在这些著述中缺位的恰好就是共同富裕所指涉的对象——我们自己。共同富裕作为战略、行动、政策,归根结底都还是属于手段,每个个体、每个社会群体的发展、进步，生活品质的提高，差距的缩小，关系的和谐才是共同富裕的真谛。尽管大家无不认同共同富裕是全体人民的富裕以及物质和精神都富裕，但是共同富裕往往成了"目标函数"，缺少了一些温度。个人的努力、追求以及喜怒哀乐，在各类共同富裕的论述中很少体现。因此，让普通读者对共同富裕有所感悟，认识到我们每个人都是实现共同富裕的主人公和亲历者，而不是被动的目标载体，正是本书的创作目的。

把丢失的"我们"找回来

美好幸福生活的实现要以强大的物质基础为保障，不可能靠精神乌托邦而获得真实的幸福，这是客观规律，也是马克思主义基本原理。目前几乎所有关于共同富裕的研究论述都是从经济和财富方面落笔，这无疑是正确的。我们大概可以作如下梳理。在国家层面，最重要的是财富生产和分配，目的是"做大蛋糕"和"分好蛋糕"。财富类型除了物质财富，还有文化艺术等精神财富，现代市场经济已经基本解决了不同类型财富的估价和核算问题。与财富生产有关的，一方面是市场经济，另一方面是制度，其结果可用以劳动生产率等反映的经济效率来衡量。与财富分配有关的，主要是制度，现在一般把分配概括为初次分配、再分配和第三次分配三个阶段，各类与分配有关的具体制度都可纳入其中。在居民层面，什么是最主要、最恰当的"富"的衡量标准，目前似乎还没有被普遍认可的理论。西方经济学将其概括为效用最大化，进而用收入、幸福感等指标来衡量，这显然并不全面。目前在我们国家的话语体系中将富裕概括为物质富裕和精神富裕。按照辩证法，物质决定精神，所以物质生活水平达到了，精神生活水平就自然提高了。但是，短期内未必如此。再看居民层面的物质富裕，一般包括作为流量的收入和作为存量的财产。这两类财富就是通过分配而获得的，这样就和宏观层面的分配制度对应了起来。

以上是我们对社会经济体系运行框架的简要认识，共同富裕也应当依托这个体系而实现，无非是高效生产、优化分配、适当救助。一般的故事讲到这里也就结束了，因为假设有了上述这些条件，人们的幸福生活就会自动到来。如果真是这样，那这个世界也就缺少了生活的颜色，遮蔽了人的类存在物的本质属性，忽视了生而为人的初心和归宿。根据我们前期的福祉研究成果，在物质财富并未实现充分生产和按需分配的年代，适宜用福祉来衡量居民的"富裕"程度。福祉是一个综合概念，既包括物质生活，也包括精神生活。但是后者除了必要的精神文化生活以及获得感、幸福感和满意度，还应当包括家庭和个人的精神健康与生命价值追求。如果说物质财富生产和分配是共同富裕"上半场"，那么每个人、每个群体如何通过个人的勤劳智慧以及必要的社会协作来实现高品质生活和全面发展才是共同富裕更重要的"下半场"。整个经济体系、社会系统依然在那里，但是作为社会主体和实现共同富裕的主角的"我们"出现了。过去讲"以人为本"，现在讲"以人民为中心"。本书从头到尾都是围绕人的共同富裕而展开的，并分五章专门阐述了五个关键群体，这在同类著作中还不多见。

发现每个群体的方位、诉求与价值

以人为中心探讨共同富裕问题，一般从收入角度将全体居民划分为三大人群，即高收入群体、中等收入群体和低收入群体。但是在多数研究中，中等收入群体的角色都是缺失的，而高收入群体的角色则是被动的。这是一个严重的不足，不符合全体人民共同富裕的要义。社会主义初级阶段属于经济社会相对不发达的社会主义阶段，即使其中的中高收入群体也不能说一切高枕无忧以及实现了自身的全面发展。也就是说，社会中的每个群体在共同富裕道路上都有自己独特的角色定位、利益诉求以及价值追求。从政策导向看，从低收入群体向中等收入群体、高收入群体展开论述，方向更为合理，这也是本书的逻辑思路。但是作为导言，我们依据发展的目标导向，从中等收入群体说起，再向两侧拓展。

按照经典的经济学理论，中等收入群体是一个社会的中坚力量。他们有良好的就业和较高的收入，积累了一定资产，生存型、发展型和合理享受型消费"无忧"。中等收入群体对维护社会消费能力起决定性作用，如果中等收入群体的规模处于较快扩张阶段，那么就会明显地促进全社会消费增长。因此无论是从人自身的发展需求来说，还是从经济运行的功利性目的来说，中等收入群体都是"理想人群"，是理想的橄榄型社会结构的主体。换句话说，经济理论中抽象出来的中等收入群体，是目前我们所能认识到的理想社会中理想人群的理想"原型"，思考另两个群体的问题都可以瞄着他们去寻找思路。我们接受这样的基本认知，但是同时也认为，中等收入群体绝不是高枕无忧。且不说发达国家在遭遇经济危机逆流、疫情冲击等情况下，中产阶级人口有大量的被动流失，就拿我国来说，很多中等收入家庭都在为维护自己的岗位和社会经济地位而不懈努力，其中既有发扬艰苦奋斗精神的一面，也有应对社会竞争和结构转型压力的另一面，在一定程度上重新定义了"内卷"。不仅如此，他们的精神富裕也不是普遍享有的，不读书、不锻炼、缺少工作生活平衡，是很多人的常态。也就是说，中等收入群体虽然在经济上是理想的，但在共同富裕道路上也有自己的烦恼。

现在来看低收入群体。低收入群体在发展中国家占比高，在发达国家占比低，体现了发展水平的差距。低收入群体人力资本水平低、就业岗位差、收入水平低，合理消费需求得不到满足，较弱的劳动能力往往还得不到充分利用。因此，提升低收入群体的经济和社会发展水平，不断降低低收入人口在总人口中的比例，应当是发展中国家的普遍任务。由于低收入人口规模庞大，例如当前中国低收入人口还占总人口的三分之二左右，他们广泛分布于东中西部地区的城镇和乡村，他们内部的收入差别也很大。这就使得低收入人口的发展问题成为全国性问题，尽管西部地区、乡村地区是其中更为关键的部分。由于低收入群体存在内部分层，因此对应的发展前景和政策导向也应是不同的：位于较低层的那部分既要自力更生，也离不开社会福利体系的支持，这一做法即"提低"；位于较高层的那部分则有望步入中等收入群体，他们更需要发展支持政策和更充分的发展机会，从而发挥宏观经济以及宏观政策与社会群体发展之间的桥梁的作用，这一做法即"扩中"。

高收入群体位居社会的顶端，他们是否就什么都不缺了呢？主流理论的确给出了一个说法，那就是高收入群体应当承担更多社会责任，也就是要更加积极主动地参与第三次分配。对我们来说，这一点是显然的，但是还远远不够，因为它将最成功、最有条件的一群人置于了相当消极被动的境地。在社会主义社会中，高收入人群也是共同富裕的同路人，他们在社会主义制度下发家致富，应当成为共同富裕的先行者，在他们身上优先体现社会主义制度的本质和优越性。所以，高收入群体既要更好地参与第三次分配，又要利用自己的能力为其他人创造更好的机遇。更重要的是，他们不能因为消费上的无预算约束而陷入思想迷茫和无节制的物欲享受，而应该按照先哲们的指点，率先追求自我价值的实现，充分彰显自身的社会价值，追求至善生活。

以上是我们对社会各个群体在实现共同富裕格局中角色定位的基本认知，但是我们没法做到面面俱到，而是有所侧重地选择了几个重点人群来谈。低收入群体是本书的论述重点。第三章是对低收入群体实现共同富裕问题的总体论述。随后的两章分别阐述缩小城乡差距和地区差距的思路与战略，其中都特别关照了乡村地区和欠发达地区的低收入人群。关于青年群体实现共同富裕的话题是本书的亮点之一，青年最具有思想上和行动上的活力，是未来社会的塑造者和实现共同富裕的生力军。高收入群体在共同富裕道路上的角色问题是本书的另一个重点，他们需要回归应有的角色，超越第三次分配，更积极地追求自我价值的实现。中等收入群体在本书中并没有专门提及，这主要是因为我们接受了中等收入群体是社会结构中的理想"原型"这样的观念。简单地说，中等收入群体可以追求在完善经济体系和健全社会体系中自由高效创造与充分享受生活的状态。

从丰裕社会观照我们的共富社会

经济社会发展从一些统计指标上看是连续的，如人均GDP、居民可支配收入等。但是敏锐的思想家、政治领袖可以从慢变量的连续变化中发现结构性变化或质性变化。比如：随着人口增长曲线变化，我国逐步从劳动力过剩、城乡二元结构明显的国家转变为劳动力短缺、人口红利消失、老龄化严重的国家。随着经济持续增长和结构转变，我国逐步从一个农业大国转变为一个制造业强国，民生发展也从总体小康社会进入全面小康社会。党的十九大宣布，中国特色社会主义进入新时代，这是我国发展新的历史方位。2020年底，党的十九届五中全会提出了促进全体人民共同富裕的新目标，明确了扎实推进共同富裕的行动取向。党的二十大进一步提出，中国式现代化是全体人民共同富裕的现代化。这意味着新时代也就是追求共同富裕的时代。

由此，我们很容易联想起 1958 年美国学者加耳布雷思出版的《丰裕社会》一书。[1]"二战"结束后美国经历了"黄金增长"，这本书就是对美国黄金增长成果和社会转型的观察。利用世界银行的可比数据，以 2015 年的美元价格计算，美国人均 GDP 在 1962 年超过 2 万美元，而中国人均 GDP 则在 2019 年超过 1 万美元。[2] 由此可以发现，我们提出建设共同富裕社会时的经济发展水平（按人均 GDP 衡量）相当于美国进入"丰裕社会"时的一半。那么，如何看待这种阶段性差异，我们能否将共同富裕社会与丰裕社会进行直接对比？我们认为，尽管"丰裕社会"概念可以为我们提供有益的启示，但是两个概念提出时的经济发展水平差距已经说明了一切。那时的美国经济社会差不多达到了现在意义上中等发达国家水平，而且美国几乎是率先达到这一水平的大国，因此一切的经济模式、消费体现、思维方式转变都是崭新的。所以，加耳布雷思高呼，美国已经进入消费不受限制的丰裕社会，不应再用过去形成于贫穷社会土壤的思维模式指导新时期的社会思想。

且不说加耳布雷思的思想是否恰当，这在当时无疑具有强大的冲击力。以当前中国的经济发展水平推算，我们大概需要 15 年才能达到美国进入丰裕社会时的发展水平。因此，也许可以说，我们现在处于前丰裕社会时代，一部分地区、一部分人群已经达到丰裕社会水平，而更多的人乃至全社会整体都还存在巨大的发展进步空间。这也许是换一个角度看我们这个时代获得的更好观照。

我们，正走在实现共同富裕的路上！

---

[1] 参见［美］加耳布雷思：《丰裕社会》，上海人民出版社 1965 年版。
[2] 数据来源为世界银行网站（https://data.worldbank.org/indicator/NY.GDP.PCAP.KD）。

为什么进入新时代我们如此强调共同富裕,并且正在采取措施扎实推动共同富裕?从毛泽东提出更富更强、共同富裕,到邓小平论述社会主义本质,再到习近平提出共同富裕是中国式现代化的本质要求,要扎实推动共同富裕,我国对共同富裕已有丰富的治理实践和思想理论准备,但是在舆论上和理论上人们对此仍有模糊认识以及不同认识也是事实。因此,本章首先回答"为什么"要推动共同富裕。共同富裕是社会主义的本质要求,在新时代强调和直接推动共同富裕是必然的。新发展阶段面临新的发展目标、使命任务,也面临着新的社会问题,推动共同富裕将是解决这些问题和实现这些目标的有效手段,因此是必要的。共同富裕逐渐从理想信念、目标愿景转变为直接追求,具有重大的现实及历史意义,有助于中国梦的实现,是新时代中国社会从小康走向中国式现代化的必经之路。

第一章

共同富裕是
社会主义的本质要求

进入新时代，尤其是2020年我国全面建成小康社会之后，"共同富裕"翩然来到舞台中央、聚光灯下，成为全党、全社会的中心议题。党的二十大更是鲜明地提出，实现全体人民共同富裕是中国式现代化的本质要求。促进全体人民共同富裕这个目标任务，为什么会在全面建成小康社会这个关键节点上着重提出来？这是本书要率先回答的问题。其中的一些核心问题包括：如何理解现在已经到了直接追求共同富裕的历史阶段？共同富裕作为"国之大者"，它与占社会人口十四亿分之一的我们每个个体有什么关系？共同富裕对这个国家及其人民意味着什么？

终点还在前方，但新的起点已然就在脚下。社会主义本质要求已悄然"升级"为共同富裕。其实，共同富裕一直就是社会主义的本质要求，只不过在改革开放以来的相当长的时间里，贫困问题一直横在路上，因此消除贫困和改善民生成为阶段性目标任务，而共同富裕更多地表现为发展原则、指导思想、目标愿景等。扎实推动共同富裕，意味着在新时代，除了经济要继续保持合理增长，经济发展与社会发展、国家富强与人民富裕的关系需要重塑，对人民富裕的构想也要从经济条件扩充到更多维度。社会主义中国成功实现了经济起飞、人民脱贫以及社会小康。在同样的战略框架和思想指引下，我们也会在未来走出一条符合中国国情的共同富裕的道路。

一

新时代中国强调共同富裕的必然性

（一）中国一直走在追求共同富裕的道路上

中国共产党成立以来的百年奋斗史表明，中国一直走在共同富裕的道路上。中国在历史上曾经长期是世界文明、经济和科技的翘楚。根据西方经济史学家的研究，直到1820年，中国GDP占世界经济的比重还达30%以上。[1]但是此时，清王朝正步入衰退期，而西方第一次工业革命已经接近完成，坚船利炮、贸易商队、殖民地遍布世界，世界政治经济版图正在重塑。接下来，中国这个古老的文明古国进入了剧变期。按照李鸿章所说，世界开启了"数千年来未有之变局"，完全超出了"历史周期率"决定的趋势线。回望近代以来，中国经历了两个以百年为周期的大变动。第一个百年是屈辱衰落的百年，从1840年鸦片战争到1949年中华人民共和国成立，国力衰落，战火纷飞，民不聊生。第二个百年是奋斗复兴的百年，从1921年中国共产党成立到21世纪初叶。中国共产党成立后，全力领导中国人民开展革命斗争和社会主义国家建设。自那以

---

[1] 参见［英］安格斯·麦迪森：《中国经济的长期表现：公元960—2030年》（修订版），伍晓鹰、马德斌译，上海人民出版社2016年版，第39页。

来，中华民族经历了"站起来""富起来"的艰苦奋斗历程，实现了人民生活总体小康，并在党的十八大以后进入新时代，迈进"强起来"的新征程。环视百年，中国共产党和中国人民用双手撰写了一篇雄心勃勃的新史诗，共同富裕就是贯穿其中的那条始终如一的实践主线。

建立新中国："东亚病夫"站起来

从1921年到1949年，中国共产党和中国人民通过28年的革命斗争建立了新中国，奠定了中国人民追求美好生活的制度基础。清朝末年的中国已经奄奄一息，以1840年鸦片战争为开端，中华民族百年蒙尘。拿破仑知道中国是一头"沉睡的雄狮"，而更多的西方人宁愿将贫弱的中国人蔑称为"东亚病夫"。"中国向何处去？"这是无数仁人志士、思想流派、革命团体致力于追求答案的历史之问。在由五四运动开启的觉醒年代，一个仅50多名党员的新政党在上海里弄和嘉兴南湖悄然成立，她就是中国共产党。这是改变中国和世界的开天辟地的大事变！中国共产党以马克思主义理论为指导，借鉴国际革命经验，不断加强自身建设，领导工人运动、青年运动、农民运动、妇女运动，创建农村革命根据地，开展农村土地革命，进行二万五千里长征，开展为期14年艰苦卓绝的全民族抗日战争，打赢全国解放战争，最终建立以马克思主义理论为指导、以社会主义为发展方向的新民主主义政权，毛主席庄严宣告：中国人民从此站起来了。

"站起来"，意味着中国人获得了独立自主、免受封建专制和列强压迫侵略的政治权利保障，实现了民族独立、人民解放。新中国的成立，为消除阶级剥削和社会两极分化，为解放和发展生产力、丰富社会财富、实现《共产党宣言》所描绘的每个人自由而全面发展的前景奠定了社会制度基础。

第一章　共同富裕是社会主义的本质要求

在中华人民共和国成立前的 20 多年里，中国共产党通过土地革命以及在革命根据地、解放区的经济建设，初步探索了发展经济、改善民生的途径，为新中国的经济建设进行了有益探索和经验储备。早在 1934 年，毛泽东就在《我们的经济政策》一文中指出，要开展经济建设，改良民众生活，为将来发展到社会主义做准备。[1] 1944 年，毛泽东为悼念张思德而发表题为《为人民服务》的演讲，指出"我们这个队伍完全是为着解放人民的，是彻底地为人民的利益工作的"，这精炼地反映出中国共产党为中国人民谋幸福、为中华民族谋复兴的心声。

改革开放：绘制"蓝图"富起来

从 1949 年中华人民共和国成立到党的十八大召开前的 70 多年，可以划分为改革开放前和改革开放后两大阶段。在这个经历巨变的历史时期，国家使命总的来说是维护和平安全的发展环境，发展经济和改善民生。如果不陷入具体历史考察而着眼于长期贯穿的发展主线，我们可以发现，改革开放前 30 年里，新中国虽然经历过很多挫折，但是这一阶段毕竟在发展工业体系、建设基础设施、造就受过一定教育且规模庞大的劳动力资源等方面，为后来的发展奠定了基础。这个时期国家的发展愿景也是美好的。1953 年，中央大力推进农业合作化，指出其目的在于"使农民能够逐步完全摆脱贫困的状况而取得共同富裕和普遍繁荣的生活"[2]。这个带有鲜明时代烙印的论述，成为党的思想史上共同富裕论述的实践起点。两年后，毛泽东又提出，社会主义改造可以使中国"一年一年走向更富更强"，而且是"共同的富"和"共同的强"。[3] 社会主义改造是从新民主主义转向社会主义的重要步骤，是对科学社会主义的初步实践。这一段历史表明，新中国社会

---

[1] 毛泽东:《毛泽东选集》第一卷，人民出版社 1991 年版，第 130 页。
[2] 《中国共产党中央委员会关于发展农业生产合作社的决议》(1953 年)，中共中央文献研究室编:《建国以来重要文献选编》，中央文献出版社 1993 年版，第 662 页。
[3] 毛泽东:《在资本主义工商业社会主义改造问题座谈会上的讲话（一九五五年十月二十九日）》,《毛泽东文集》第六卷，人民出版社 1999 年版，第 495—496 页。

主义建设从一开始就与共同富裕紧密地联系在一起了。

党的十一届三中全会为新中国唤来改革开放的春天，党和国家的工作中心转向经济建设。在农村地区实行家庭联产承包责任制，提高农业生产效率，释放剩余劳动力，发展离土不离乡的乡镇企业，在东部沿海地区发展外向型经济，充分利用中国的人口红利优势、劳动力资源富集的比较优势以及后发优势，迅速造就了经济发展的"中国奇迹"，比早其 20 年启动的"东亚的奇迹"有过之而无不及。邓小平从改革开放之初就开始设想中国式现代化的目标和实现路径，设计了第一幅著名的"三步走"蓝图：近期，到 1990 年要基本解决人民温饱问题；中期，到 2000 年要基本实现人民小康；远期，到 21 世纪中叶要基本实现现代化，人民生活比较富裕。在高速的经济增长中，前两个目标都相对轻松地成为现实，到 2000 年，中国人均 GDP 已经超过 900 美元。2002 年，党的十六大制定了新的"三步走"蓝图，要用两个 10 年时间，到 2020 年时全面建成高水平小康社会。2010 年中国 GDP 达到了 40 万亿元人民币，成为世界第二大经济体。改革开放是社会主义初级阶段中国走向富裕、富强的法宝，在 40 多年的时间里实现了居民收入的大幅度提升和人民生活水平的数十倍提高。正如一首动听的歌曲里所唱到的："我们讲着春天的故事，改革开放富起来。"

新时代："强起来"构建共同富裕新起点

进入新时代，中国共产党和中国人民继续奋斗，共同富裕从远景目标转变为现实的工作任务。2012 年 11 月，党的十八大召开，中国特色社会主义进入新时代。此时，中国经济正经历增长速度换挡期、结构调整阵痛期、前期刺激政策消化期"三期叠加",即将进入"新常态","中等收入陷阱"话题扰动着中国政府和学界。但谁也没有料到,新当选的习近平总书记此时正悄悄地前往河北一个小山村访贫问苦,中国由此展开了为期8年、轰轰烈烈的精准扶贫和全面脱贫攻坚战,一举甩掉了贫困的帽子。而这,只不过是新时代的一首"小"序曲!随着大幕徐徐展开,一幅幅雄伟的新画卷展现在世人面前。提出共建"一带一路"倡议,推动打通亚欧非大陆及附近海洋的现代联系大通道,开辟国际经贸新空间。实施区域重大战略,创建粤港澳大湾区、雄安新区,推进长三角一体化,建设长江流域经济带,推动黄河流域生态保护和高质量发展,重塑中国空间经济新格局。到2020年,尽管受到新冠肺炎疫情的严重干扰,中国仍然实现了GDP总量超过100万亿元人民币、人均GDP超过1万美元的经济成就,国家发展整体上进入"强起来"时代。与此同时,近1亿农村贫困人口全部脱贫,832个贫困县相继"摘帽",城乡差距和区域差距有所缩小,人民生活水平大幅度提升,全面小康社会实至名归。[1]"强起来"的国民经济、全面小康社会的民生基础使中国站上了走向共同富裕的新起点!

(二)中国已做好追求共同富裕的理论准备

国际上,关于社会主义建设,较多的是失败挫折的教训,并没有太多的成熟经验可资借鉴。实现共同富裕更是如此。社会主义建设本身就是一个探索过程。共同富裕作为一种国家追求,是中国在社会主义现代化建设进程中的重大理论创新成果,作为对社会主义本质的揭示,代表着马克思主义基

---

[1] 参见中华人民共和国国务院新闻办公室:《中国的全面小康》白皮书》,http://www.scio.gov.cn/zfbps/ndhf/44691/Document/1714483/1714483.htm。

本原理中国化和当代化的一种具体实现形式。共同富裕的内涵随着时代条件变化而发展，但始终遵循科学社会主义的基本原理，从而体现出科学社会主义的理论自觉。

对社会主义本质的理论探索

1949 年，中华人民共和国成立，此时距离《共产党宣言》的诞生已过去了 101 年。1956 年社会主义改造完成后，中国从整体上进入社会主义建设时期，社会主义建设理论也随之发展。毛泽东思想、邓小平理论、"三个代表"重要思想、科学发展观、习近平新时代中国特色社会主义思想是不同时期关于社会主义如何建设和发展的理论结晶，其中关于共同富裕的论述代表着对社会主义本质的理论探索。

毛泽东思想阐明了发展社会主义的前景是共同富裕。改革开放前的社会主义建设理论，就共同富裕而言，可以做如下概括：一方面，要坚持公有制基础，包括国有经济和集体经济，所以要在合作化后进一步过渡到集体化；另一方面，要快速发展生产力，借鉴当时流行的发展理论，就是要实施重工业优先发展战略。对于发展目的，毛泽东在 20 世纪 50 年代曾经多次论述了共同富裕问题，指出这是发展社会主义的目的和前景。但是改革开放前，重工业优先发展战略导致与改善民生紧密相关的轻工业发展不足，提高人民生活水平这个直接发展目的没有很好地得到实现。不仅如此，改革开放前还经历了发展观念的扭曲，既有对曾经提出的"农轻重"构想的抛弃，也有"大跃进"急于求成思想以及"以阶级斗争为纲"的错误思想。所以，在改革开放前，共同富裕思想更多地体现为对社会主义制度的光明前景的信仰。

我们的目标是要使我国比现在大为发展，大为富、大为强。……我们实行这么一种制度，这么一种计划，是可以一年一年走向更富更强的，……而这个富，是共同的富，这个强，是共同的强，……这种共同富裕，是有把握的，不是什么今天不晓得明天的事。

——毛泽东，1955 年 10 月 29 日 [1]

邓小平理论论证了社会主义初级阶段的远景目标是实现共同富裕。从某种意义上说，邓小平理论的创立过程就是对社会主义本质的探索过程。邓小平对毛泽东的有关思想曾经给出了公允的评价。他认为，毛主席不是不想发展生产力，但是方法不对。由此邓小平提出了"什么是社会主义，什么是共产主义"这个根本问题。过去我们对这个问题的认识并不清楚，存在着很多教条。他指出，"马克思主义最注重发展生产力"，"社会主义的优越性归根到底要体现在它的生产力比资本主义发展得更快一些、更高一些，并且在发展生产力的基础上不断改善人民的物质文化生活"。[2] 针对这个问题，邓小平不断完善其关于社会主义本质的思想。1992 年，通过"南方谈话"，邓小平对社会主义本质以及姓"资"姓"社"的判断标准给出了完整表述。

要害是姓"资"还是姓"社"的问题。判断的标准，应该主要看是否有利于发展社会主义社会的生产力，是否有利于增强社会主义国家的综合国力，是否有利于提高人民的生活水平。

社会主义的本质，是解放生产力，发展生产力，消灭剥削，消除两极分化，最终达到共同富裕。

——邓小平，1992 年 [3]

---

1 毛泽东：《在资本主义工商业社会主义改造问题座谈会上的讲话（一九五五年十月二十九日）》，《毛泽东文集》第六卷，人民出版社 1999 年版，第 495—496 页。

2 邓小平：《建设有中国特色的社会主义（一九八四年六月三十日）》，《邓小平文选》第三卷，人民出版社 1993 年版，第 63 页。

3 邓小平：《在武昌、深圳、珠海、上海等地的谈话要点（一九九二年一月十八日—二月二十一日）》，《邓小平文选》第三卷，人民出版社 1993 年版，第 372、373 页。

邓小平理论将共同富裕与社会主义初级阶段紧密联系在一起，进而提出解放生产力、发展生产力必然要求改革开放，以及让"一部分地区有条件先发展起来"[1]，再先富带后富，最终达到共同富裕的"两个大局"非均衡协调发展思想。不仅如此，先富带后富并不意味着"后富"人群可以安贫乐道，而是在贫困落后地区实行农村扶贫开发，发扬"宁愿苦干、不愿苦熬"的精神，在社会的另一端艰苦奋斗。概言之，改革开放的大部分时间，社会主义的本质更多地体现为以只争朝夕的奋斗精神尽快弥补生产力水平、人民生活水平的短板。

习近平新时代中国特色社会主义思想明确新时代的使命任务是基本实现共同富裕。党的十八大以来，习近平新时代中国特色社会主义思想不断发展、丰富和完善，系统回答了新时代如何坚持和发展中国特色社会主义的重大问题。其中，关于社会主义本质和共同富裕的论述是其思想体系中的重要组成部分，既根据阶段性特征对邓小平理论进行了完善，又结合时代变化对其进行了发展。邓小平关于社会主义本质的论述直接涉及消除贫困问题，反贫困贯穿着改革开放的全过程，而且在这个过程中发展出了中国特色反贫困理论。习近平基于新时代的贫困形势和反贫困要求，在2012年及时提出"消除贫困、改善民生、实现共同富裕，是社会主义的本质要求"[2]。这就将消除绝对贫困这项阶段性任务在特定时期提升到国家使命高度，以脱贫攻坚战形式，举全党、全国之力消除贫困。在此基础上，习近平提出了关于社会主义本质的新论述，共同富裕成为其核心内容，并由过去的原则、远景目标转变为当下的工作任务和工作目标。

---

1 邓小平：《在武昌、深圳、珠海、上海等地的谈话要点（一九九二年一月十八日—二月二十一日）》，《邓小平文选》第三卷，人民出版社1993年版，第374页。
2 习近平：《习近平谈治国理政》，外文出版社2014年版，第189页。

> 现在，已经到了扎实推动共同富裕的历史阶段。……我们正在向第二个百年奋斗目标迈进。……必须把促进全体人民共同富裕作为为人民谋幸福的着力点，不断夯实党长期执政基础。
>
> ——习近平，2021 年[1]

从毛泽东提出"共同富裕，是有把握的"，到习近平提出要"扎实推动共同富裕"，其中的精神是一脉相承的。毛泽东的豪言体现了对社会主义的理论自信和制度自信。而60多年以后，中国经济总量按不变价计算已达到当年的170多倍。[2] 可见，基于成功实践的底气，新一代领导人不仅坚持和发展了理论自信和制度自信，而且还形成了内涵丰富的道路自信和文化自信。

对科学社会主义的继承和发展

科学社会主义并不是某种特殊的或神秘的社会主义，而是马克思主义的社会主义。其定语"科学"代表着其与空想社会主义的区分。科学社会主义是各国社会主义实践和理论的基础，主要来源于《共产党宣言》，至今已有170多年的历史。在此之前已有300多年的空想社会主义思想史，在此之后经过近70年，十月革命才在俄国取得胜利。空想社会主义诞生于资本主义社会的早期，对资本主义发展规律认识不足。而科学社会主义诞生于资本主义制度的成熟时期，对资本主义社会已有深刻认识。科学社会主义是马克思主义理论的核心，其目的是实现无产阶级革命和全人类解放，其前提则是对资本主义制度的批判。资本主义社会极大地促进了社会生产力的发展，提高了人类文明水平。

---

[1] 习近平：《扎实推动共同富裕》，《求是》2021年第20期。
[2] 《沧桑巨变七十载 民族复兴铸辉煌——新中国成立70周年经济社会发展成就系列报告之一》，国家统计局，http://www.stats.gov.cn/tjsj/zxfb/201907/t20190701_1673407.html。

但是资本主义制度有其内在的根本矛盾，即社会化大生产和生产资料私人占有的冲突，最终容纳不了生产力的进一步发展，无法消除无产阶级贫困化以及"人的异化"问题。只有消灭资本主义占有关系、生产关系以及雇佣劳动关系，人类"三大解放"才具备实现条件。进行社会主义革命是推翻资本主义和进入作为共产主义的过渡阶段的社会主义的必经之路。因此，社会主义社会既要对资本主义生产关系进行扬弃并为走向共产主义做准备，又要以促进生产力发展和人的发展作为基本要求。

不过，科学社会主义没有也不可能对社会主义阶段的具体问题进行细致论述。苏联以及改革开放前的中国有很多建设举措较多地参照了《共产党宣言》中的"十大纲领"，但由于没有很好地结合具体条件，走了很多弯路。尤其是，科学社会主义理论虽然指出社会主义的目标是为在共产主义社会实现人的自由而全面发展创造条件，但是对社会主义阶段的民生需求和人的发展问题却较少论及。中国特色社会主义已经明确社会主义初级阶段要以经济建设为中心，同时要致力于改善民生和促进社会全面进步，具体来说就是随着综合国力不断增强，稳步追求从小康到共同富裕的民生发展目标。这是社会主义阶段发展过程的辩证法，既是对走向共产主义的过渡期的更为全面的准备，更是对身处社会主义阶段的现实的人的发展需求的满足。从这个角度来说，现阶段以共同富裕为目标，体现了对科学社会主义的继承和发展。

（三）中国已具备追求共同富裕的现实条件

治国之道需要处理好国强与民富的辩证关系，理想的结果是国强与民富相统一，而实际上往往两者难以兼顾。中华人民共和国成立后，要在一穷二白的基础上维护国家安全、建立经济基础以及改善民生，各选项间难免存在冲突，一段时期内舍小家为大家是难以避免的。维护了民族独立和国家安全、建立了基本的基础设施和经济体系，但民生改善缓慢，这是改革开放前的基本写照。改革开放后，中国国民经济恢复正常，具有优势的劳动密集型产业以及民生经济获得快速发展，人民生活改善同国民经济发展同步推进。但是直到如今，国家富强和人民富裕之间的关系仍不够理想，国民收入分配体系相对不利于居民，居民收入储蓄率仍然偏高，增加消费和改善生活水平的动力受到抑制。进入新时代，社会经济条件已经发生改变，中国逐渐具备了追求共同富裕的现实条件。

具备了更好更快改善人民生活的现实条件

曾经在相当长的时间里，广大人民所辛勤创造的国民财富更多地用于积累和再生产，民富在一定程度上让位于国强。经过70多年的奋斗，尤其是改革开放以来40多年的高速发展，我国已经积累了相当雄厚的经济、科技实力，建立了遍布全域的重大基础设施体系、遍布城乡的基本公共服务体系，具备了在继续推动国家富强发展的同时更好更快地促进共同富裕的现实条件。2021年，中国人均GDP达到12551美元，保守估计能在"十四五"期间迈入高收入经济体行列。[1] 2020年，我国东部地区已有10个城市的人均GDP跨过2万美元的中等发达经济体门槛。中国建立了世界上最完整的工业体系，生产性服务业发展迅速，农业具备了强大的保障国家粮食安全能力，教育普及程度大幅度

---

[1] 参见中国社会科学院宏观经济研究中心课题组：《未来15年中国经济增长潜力与"十四五"时期经济社会发展主要目标及指标研究》，《中国工业经济》2020年第4期。

提高，科技创新驱动发展能力显著增强。中国已经形成庞大的、最具消费增长能力的中等收入群体，并且正在继续扩大，为消费升级和高质量发展提供需求动力。

实施了推动共同富裕的思想准备

从以经济建设为中心转向高质量发展与共同富裕协同推进，需要全社会自上而下凝聚共识，进入新时代以来我国就开始了推动共同富裕的思想准备。党的十九大将"从二〇二〇年到本世纪中叶"划分为两个阶段，分别提出了全体人民共同富裕迈出坚实步伐和全体人民共同富裕基本实现的目标。《中华人民共和国国民经济和社会发展第十四个五年规划和2035年远景目标纲要》则对推动共同富裕作出具体安排，并提出到2035年人的全面发展、全体人民共同富裕要取得更为明显的实质性进展。不仅如此，关于"中国梦"的讨论，在话语方式上贴近时代，使人民更容易产生情感共鸣。2012年，党的十八大刚开完不久，习近平总书记在参观"复兴之路"展览时，谈到了对"中国梦"的理解："现在，大家都在讨论中国梦，我以为，实现中华民族伟大复兴，就是中华民族近代以来最伟大的梦想。……国家好、民族好，大家才会好。"[1] 2013年3月17日，习近平对中国梦的内涵做了进一步说明："实现中华民族伟大复兴的中国梦，就是要实现国家富强、民族振兴、人民幸福。"[2] 其中，民族振兴上连着国家的富强，下连着人民的富裕和幸福，因而三者之间是内在统一的关系。"中国梦归根到底是人民的梦……"[3] 通过"中国梦"这种大众化的话题，习近平总书记不仅宣示了以人民为中心的发展思想，更是回答了新时代国强与民富的协同关系。当然，现在社会上对共同富裕仍有不同认识，甚至有激烈的讨论。这是一个好的现象，因为真理越辩越明，它所代表的共同发展、缩小差距的观念将不断深入人心。

---

1 2012年11月29日，习近平在参观《复兴之路》展览时的讲话。引自习近平：《习近平谈治国理政》第一卷，外文出版社2017年版，第36页。

2 《在第十二届全国人民代表大会第一次会议上的讲话》（2013年3月17日），习近平：《习近平谈治国理政》，外文出版社2014年版，第39页。

3 同上，第40页。

二

新发展阶段推动共同富裕的必要性

2020 年,正当全国上下充满信心地准备庆祝全面建成小康社会时,一场史无前例的大流行病悄然来袭,全球经济活动和正常社会秩序受到严重冲击。一时间,社会上出现不少关于脱贫攻坚目标要不要推后或适当调低、这个时候谈论共同富裕是否适宜等讨论。以习近平同志为核心的党中央果断决策,坚决行动,脱贫攻坚和抗疫双线作战,实现现行标准下农村贫困人口全部脱贫和新冠肺炎病例"动态清零",国内生产总值迈上 100 万亿元大关,或者说人均国内生产总值迈过 1 万美元关口,向高收入经济体门槛挺进。

这个伟大成就的取得,增强了新发展阶段坚定追求共同富裕目标的战略定力、战略自信和战略自觉。对于这个宏伟的战略目标,我们不必急于求成,但也不要将信将疑,或者将其置之度外。在这个时代转折的关键节点上,共同富裕的道路上不是只有鲜花和掌声,而是随处都有荆棘和风浪,普通百姓中间,既涌动着在国家富强和美好生活道路上继续奔跑的良好愿望,又时不时产生不知路在何方、有心无力等迷茫感、焦虑感。共同富裕理论不只是对美好前景的描绘,它之所以科学,就在于它对面临的时代问题有清醒的认识和深刻的回答。换言之,进入新发展阶段,全国上下追求共同富裕具有内在必要性,是一个必然选择。

（一）新阶段需要新蓝图

中国特色社会主义的最大特征是中国共产党的领导，中国取得当前成就的最重要经验之一是党和政府对经济社会发展的有效领导和深度参与，其中更为具体的一条重大经验便是规划引领。中国特色的经济社会发展规划脱胎于以前的计划经济，是包含发展理念、远景目标、现实条件、发展路径的复合体。目前，世界上不仅有相当多的国家仍然坚持制定发展规划，国际和区域组织也有这样的良好实践，如联合国2030年可持续发展议程、非洲2063年议程等。从党的十三大以来，中国逐步形成和坚持了中国特色社会主义初级阶段基本路线，党的十九大报告进一步指出，"全党要牢牢把握社会主义初级阶段这个基本国情，牢牢立足社会主义初级阶段这个最大实际，牢牢坚持党的基本路线这个党和国家的生命线、人民的幸福线，领导和团结全国各族人民，以经济建设为中心，坚持四项基本原则，坚持改革开放，自力更生，艰苦创业，为把我国建设成为富强民主文明和谐美丽的社会主义现代化强国而奋斗"。这条基本路线的核心内容仍在党的二十大报告中得以坚持。我们可以将1956年社会主义改造基本完成到2049年的阶段看作中国特色社会主义初级阶段，这条总路线其实就是这个初级阶段的总蓝图。到2049年，改革开放经历70年时间，其间又可以划分为两个大的阶段，每个阶段都有一张明确且不断完善的具体蓝图，这似乎是又一条重要的中国经验。

从改革开放初开始的第一个阶段，经济社会发展的具体蓝图就是小康社会建设。邓小平最早提出，中国式的现代化，首先要建设一个小康社会。而"小康"一词来源于2000多年前的古书《诗经》和《礼记·礼运》。邓小平用了近10年时间使"小康"的概念逐步完善。建设小康社会这个奋斗目标写进党的十五大报告后，其内涵不断丰富和明确，从定性概念转化为定量目标和具体举措，从总体小康发展为全面小康。可以说，从20世纪80年代初开始，小康社会建设就一直是指导改革开放发展历程的蓝图。

在《礼记·礼运》中，与小康社会对举的是大同社会。邓小平并没有说到21世纪中叶就能实现大同社会，只是说社会主义的本质要求是实现共同富裕。他的继承者部分地回答了这个问题，将小康社会之后的下一个目标定为基本实现共同富裕。也就是到21世纪中叶社会主义初级阶段完成时，中国将建成社会主义现代化强国，基本实现共同富裕是其表征之一。如果从2012年开始计算第二个阶段，到本世纪中叶有将近40年的时间。考虑到前一阶段历史任务的完成、经济发展水平的提升以及经济特征和升级闯关需求，新发展阶段迫切需要新的阶段性蓝图，共同富裕正好承担了这样的使命。随着历史的脚步一步步向前，中国式现代化总蓝图日益清晰，共同富裕正稳步从眺望中的远景走入蓝图的中央。

（二）更好满足人民美好生活需要

新阶段有新的社会需求需要顺应，只有坚持走共同富裕道路才能更好满足人民美好生活需要。在邓小平同志"三步走"伟大构想的指引下，我国在2000年总体进入了小康社会，随后又用了20年时间扎实开展全面小康社会建设，终于在2020年以彻底消除现行标准下的贫困现象为标志交出一份建成全面小康社会的高质量答卷。人均国内生产总值从1952年的几十美元增至2020年的超过1万美元，实现从低收入国家到中等偏上收入国家的历史性跨越。建成世界上最完整的产业体系，"中国制造"向"中国智造"转型升级。人民生活水平显著提高，全国居民人均年可支配收入从1978年的171元增加到2020年的32189元，消费结构从生存型逐渐向发展型、享受型过渡。长期保持大规模就业，就业结构不断优化，就业质量不断提升。人口发展从人口大国向人力资源大国、人力资源强国迈进，人均受教育水平和人均预期寿命长期高于同等经济发展水平的其他经济体。[1] 现行标准下农村贫困人口全部脱贫，历史性消除了农村绝对贫困和区域性整体贫困。以上是全面小康社会的一些典型标志。大部分人也能基于其人生经历对这些年来中国的发展进步有切身体会：舒适快速的高铁，发达的电子信息技术，日益丰富的物质产品供应，日益健全的社会保障体系，日新月异的家乡面貌，生态秀美的山川江河，等等。

以上成就由于其足够快的增长速度给国人带来了巨大的获得感，但总体水平还不高，仅在高铁、网络、移动支付等部分领域取得了与世界先进水平同步甚至超越的成就。党的十九大报告明确指出，我国已经进入新时代，社会需求升级为人民日益增长的美好生活需要。制定社会发展任务需要对新的时代需求作出回应。只有走共同富裕道路才能化解发展不平衡、不充分的问题，引导经济质量提升和结构优化升级，不断创造美好生活条件。

跨越"高收入门槛"需要共创共享

2021年，中国人均GDP按当年平均汇率计算，达到1.25万美元，首次超过世界平均水平（1.21万美元），跨越高收入国家人均国民总收入门槛也近在咫尺。近年来，有人曾担心"中等收入陷阱"是否会在中国发生，因为掉进这个陷阱的国家在世界上并不是孤例。但是，正如习近平总书记所指出的："对中国而言，'中等收入陷阱'过是肯定要过去的，关键是什么时候迈过去、迈过去以后如何更好向前发展。"[2] 有学者恰当地将"中等收入陷阱"问题转化为"高收入门槛"问题，即问题不在于如何防止被困在"陷阱"中，而在于如何更好地跨越"门槛"。[3] 所以，中国要想实现到2035年成为中等发达国家的目标，目前的经济增长面临的不仅是速度上的可持

---

[1] 参见中华人民共和国国务院新闻办公室：《〈中国的全面小康〉白皮书》，http://www.scio.gov.cn/zfbps/ndhf/44691/Document/1714483/1714483.htm。

[2] 中共中央文献研究室编：《习近平关于社会主义经济建设论述摘编》，中央文献出版社2017年版，第7页。

[3] 蔡昉：《从中等收入陷阱到门槛效应》，《经济学动态》2019年第11期。

续问题，更在于要通过结构转型升级，顺利跨越"高收入门槛"，再进一步向前发展。通过供给侧和需求侧共同发力，构建新发展格局，实现高质量发展是其必由之路。实现共同富裕并不只是高质量发展的结果，也是高质量发展的过程，是一个充分激发所有人潜能，提高劳动参与率和生产率，实现共同创造，共享发展成果的过程。也就是说，共同富裕包含着高质量发展所必需的共创共享发展机制。

广大群众需要更好分享发展成果

我们可以设想，一个社会的成员一起向前奔跑，如果大家都跑得比较快且速度差不太多，那将是最理想的结果，在此情形下，分配格局扁平化，人民获得感高。但是现实却更像是另一种情景：一部分人跑得更快了，大部分人跑得还是比较慢，两部分人群之间间隔很远。跑在前面的人会把后面的人的速度平均数给抬高了，单纯计算速度的平均数，体现不了大多数人的实际情况。中国居民的人均可支配收入在2021年已经达到3.51万元，但是城乡居民人均可支配收入比仍高达2.50，农村居民人均可支配收入为1.89万元，或每月1575元。曾经有一个广为人知的误解，那就是中国还有6亿人的月收入低于1000元。实际上，这是指全社会收入相对较低的6亿人平均月收入不足1000元，其中必然有一部分人的收入是高于1000元的。实际收入低于1000元的人按2018年数据估算应有3亿左右。全社会大约有5亿多人的月收入低于1500元，这大致相当于当前的农村常住人口数，当然其中有一小部分属于城镇人口。再拿农村居民收入的五等份分组数据看，2021年低收入户和中等偏下收入户的人均可支配收入为8221元，或每月685元。种种数据显示，居民收入差距背后更为基本的事实是，处于底层的多数人仍是低收入者。尽管居民消费差距小于收入差距，但是低收入人群的自我发展和自由选择能力必然受到收入不足的限制。只有后面的人获得更多的能力和支持，加快速度，缩小与前面的人的距离，那才是大家一起在走共同富裕的道路。

"急难愁盼"问题需要系统性改革

截至2020年，中国全面消除了现行标准下的农村贫困，建立了世界上最大的社会保障体系，教育、公共卫生和医疗、住房保障、粮食安全等领域都取得了长足的进步。但是实事求是地说，中国社会保障的总体水平还不高，对不同收入人群收入再分配调节效应不明显，基本公共服务质量不高且发展不均衡，老百姓的急难愁盼问题仍然很多。现举以下几例：房子是用来住的，但是也掺杂着投资和炒作投机。我国房产可能已经过剩，但是涨价增值的预期源源不断地吸引着居民购入房产，住房的财富价值与耐用消费品功能存在持续的张力。教育本应是公平的，但是极化效应、商业化效应明显，教育投入及质量的城乡差别和地区差别巨大，低收入家庭子女难以跟上社会节奏，留守儿童和流动儿童的成长问题依然困扰大量的农民工家庭。医疗是治病救人的，其公益性更强，但是医疗服务不够均等化、商业化严重、费用上涨幅度更大，有病不敢医、不知何处医、医患纠纷等问题屡见不鲜。经济发展本应让下一代看到更加幸福的晚年，但是独居老人无人照料、儿女不养老、农村居民养老金过低、老年人精神需求和精神疾病被忽视、社会化养老能力不足等问题给部分老人的未来蒙上黯淡的阴影。诸多问题涉及方方面面，是系统性的，是发展不充分、保障不健全的体现，其结果是千家万户民生福祉受到力不从心的限制。这些问题没有拖延不予以解决的理由，常规改革也大多效果不彰，唯有在共同富裕的框架下加大力度实施系统性改革，才能尽快变得千家万户不急、不难、不愁，有盼。

（三）更有效化解社会矛盾

只要社会存在，社会矛盾就存在，既有旧矛盾的积累，又有新矛盾的产生。这些新旧矛盾，只有坚持走共同富裕道路才能彻底有效地予以化解。推进共同富裕有助于解决当前经济和民生领域一系列重大现实问题，不断增强大众的获得感、认同感、信任感、公正感。

解决社会差距居高不下问题　社会人群间有差距是一种正常现象，保持在合理范围内有助于社会的和谐和进步。如果社会差距过大，那么从表象上看，它会扩大不同人群间的社会距离，加剧不同人群间的对立和漠视，增加底层人群的沮丧；从内在看，社会差距的一部分有可能是不合理的发展模式和收入分配机制造成的。近些年来，我国的社会差距与前些年的历史峰值相比有所下降，但是仍在高位徘徊。中国居民收入基尼系数自从 2014 年以来一直都在 0.46 以上，未能继续向下突破。城乡居民收入差距近年来持续下降，但是城市内部和乡村内部的收入差距却在扩大。因此，当前阶段整体性、系统性缩小收入差距的难度是很大的，有必要通过扎实推动共同富裕加以逐步解决。

解决社会底层人群发展迟缓问题　中国在 2020 年实现了消除现行标准之下的贫困。与国际标准相比，中国的脱贫标准并不算低，而且很多脱贫户的收入水平已经远高于贫困线。但是，贫困人口毕竟只占全部人口的一小部分，低收入人口的收入增长缓慢问题是比绝对贫困更加难以解决的长期问题。如果以中等收入群体的下限标准来衡量，我国差不多有 9 亿人都属于低收入人口。即使按照动态预测，到 2035 年中等收入群体可增加一倍，那么剩下还有大约 5 亿人到时候仍是低收入人口，他们在现阶段的收入水平显然更低。从按五等份分组的居民收入数据看，最下层的两个组的收入增长速度往往低于平均水平，造成与富裕群体差距继续拉大。因此，缩小差距必须针对社会底层人群直接发力，通过促进共同富裕，提低扩中，解决其内在的发展迟缓问题。

解决社会发展动力、活力不足问题

当前，我国正处于新旧动能转换期，传统经济产能犹在但动能已然不足，新兴经济产能有限且有效需求不足。这就导致我国现阶段进入经济增速由高速转为中高速的新常态时期，但是经济体系中还有大量的传统生产能力，包括技术、劳动力等。落后的生产能力无法马上被替换掉，而产出却不能满足人民日益增长的美好生活需要，从而产生动力不足、活力不足问题，一些行业出现"内卷"，一些年轻人选择"躺平"。新发展阶段必须妥善处理发展与稳定、创造与破坏的关系，通过推进共同富裕促进高质量发展和产业结构优化升级，支持创新动能，鼓励勤劳创新致富；保护受"创造性破坏"影响的劳动者，对低收入、低技能劳动力提供培训、公共就业等保障措施，充分激发经济活力，尽快完成新旧动能转换。

解决收入分配不公问题

收入分配不公是收入差距过大的重要原因之一，且是最不可接受的一种不公。收入分配不公，大体上有三种情形。一是隐形或灰色地带的非法收入，如内幕交易、操纵股市、财务造假、偷税漏税、权钱交易等。二是垄断行业和部门如一部分国有企业、上市公司等，由于收入分配制度不透明、不规范，导致企业和部门管理层、特殊利益人群获得不合理高收入，如银行、证券、石油、演艺等行业。三是一些形成时间不长、利润率（或报酬率）畸高但还缺乏规范管理的新兴经济形态，如平台经济、网红经济等，其中有些从业人员收入畸高。在另一个极端，现阶段仍然存在着破产企业老板跑路、拖欠农民工工资导致普通劳动者利益受损问题。以上这些都属于初次分配领域的问题。在再分配领域，城乡居民、不同职业人群养老金、低保金标准差距大，医疗费的医疗保险报销标准、住房公积金补贴标准更加有利于富人。以上这些收入分配不公问题，需要在共同富裕框架下加以一揽子解决。

（四）筑牢新时代党的执政基础

新阶段面临巩固党的执政基础的新课题，走共同富裕道路是新时期筑牢党的执政基础的重要举措。中国共产党是自始至终没有任何特殊的政党利益、长期执政的党。中国共产党要实现长期执政以达成其政治理想，最重要的是不断巩固良好的执政基础。民心是最大的政治，一个政党只有真正代表和维护了最广大人民群众的根本利益，才能获得真正的拥护。为此，中国共产党一方面坚持和加强自我建设和自我革命，保持政党的先进性和纯洁性；另一方面与时俱进，根据形势变化调整执政纲领，更好地回应时代呼声。在新发展阶段推动共同富裕，既是新使命和新目标，也是筑牢新时期党的执政基础的必要手段。只有通过高质量发展和共享发展成果，让每个群体都能实现相应的发展并切实缩小社会差距、增进人民福祉，才能赢得人民的衷心拥护；只有在加快发展和深化改革中有效化解各种深层次的社会矛盾，缓解利益冲突，消除社会不公，解决重大社会问题，才能获得人民群众的信任；只有通过推动共同富裕，促进充分就业，让创新活力充分激发，实现"国强民富"，才能最大限度地汇聚社会共识，上下齐心共同前行。

三

共同富裕社会：
从小康到大同的至善求索

人类对美好社会的憧憬久已有之，古有孔子向往的大同社会和柏拉图描绘的理想国，近有空想社会主义者虚构的"乌托邦""太阳城"。马克思主义指出，未来的共产主义社会将实现每个人的自由而全面的发展。共同富裕代表着新时代14亿中国人新的美好生活愿景和追求。也许，我们与美好的未来理想社会还有遥远的距离，但是回望已经走过的路，展望向前延伸的路，我们有理由相信，建设共同富裕社会正是从小康到大同的至善求索。

（一）大同理想照进现实

中国儒家思想历来弘扬经世济民的入世情怀，自古以来不乏关于理想社会的论述。其中最早、最有名的莫过于战国以后的儒生借孔子之名所发出的关于小康社会和大同社会的感想。《礼记·礼运》记载，孔子曾慨叹，历史上的大同社会，"大道之行也，天下为公"，"老有所终，壮有所用，幼有所长，鳏、寡、孤、独、废疾者皆有所养"，[1] 他已经见不到了；夏商周时

---

[1]（清）孙希旦撰：《礼记集解》，中华书局1989年版，第582页。

代，虽然天下为家，各亲其亲，货力为己，但历代英明帝王依靠礼制实现社会关系和谐，可称之为小康社会。在那个年代，由于"大道已隐"，只有依靠"礼"才能上承天道，下承人情，国家才能走上正道。孔子并没有说要借由小康社会而重新进入大同社会，对他来说大同是一种古早文明而不是后世的社会建设目标。但是大同思想被后人加以发展而成为美好的社会理想。春秋时期有个公羊学派，对理想的社会进化提出了"三世说"，首先是落后贫困的据乱世，其次是日渐发展的升平世，最终达到高度发达的太平世。[1] 我们理解，平常所说的太平盛世大概相当于升平世，因为谁也不敢说已经达到了太平世。

康有为感伤于清末的乱局，认真研习了《礼记·礼运》、公羊派学说、佛教思想、基督教思想、空想社会主义理论等知识，创作了著名的《大同书》，正式提出了"大同世界"的理论。他认为，人类社会需要破除国家、种族、阶级、性别、家庭、行业、地域等差别，最终实现没有阶级、人人平等、劳动最光荣且劳动效率极高、有大量休闲游乐时间、生活水平极高的大同世界，也可称之为极乐世界，相当于"公羊三世"之太平世。[2]

中国近代革命先驱孙中山先生是将大同思想应用于革命理论和实践的第一人。孙中山创建了三民主义学说，认为可以通过民族主义、民权主义最终达成民生主义。在他看来，民生主义追求的目标就是大同社会，基本上也相当于社会主义或共产主义社会。他曾经说，三民主义就是民有、民治、民享，就是国家是人民所共有，政治是人民所共管，利益是人民所共用，"不只是共产，一切事权都是要共的。这才是真正的民生主义，就是孔子所希望之大同世界"[3]。有很多学者研究指出，孙中山的理论所描绘的大同社会愿景是美好的，

---

[1] 参见黄铭、曾亦译注：《春秋公羊传》，中华书局2017年版。
[2] 参见（清）康有为：《大同书》，中华书局2012年版。
[3] 孙中山：《孙中山全集》第9卷，中华书局1986年版，第394页。

但是他的民生主义与科学社会主义充满着矛盾，是一种改良的资本主义理论，注定无法成功。[1]

那么，未来的共产主义社会的大同世界与共同富裕社会有直接关系吗？两者可以等同吗？可能要稍微绕一个弯来看待和理解这个问题。孔子设想了小康和大同两种社会，其中小康社会是当时勉强可接受的良好社会，而大同社会则可望而不可即，他甚至都没有提出要去追求它。小康社会充满很多不安定因素，所以需要"礼"的维系，但是具备基本的社会秩序和生活条件。孔子的后徒并不满足于此，并没有继续在小康社会上着墨，反而转向追求大同社会，也就是要将孔子心中的尧舜之治变为现实。到那时，除了与历史上的尧舜社会有同样的社会和谐，还将有更高的社会生产力和生活水平！未来共产主义社会的繁荣愿景相当于大同社会，但是从资本主义社会到共产主义社会要经过很长的社会主义过渡阶段。社会主义革命往往是在资本主义不发达、生产力落后的地方发生的，所以社会主义社会从起步到实现繁荣的过程，在某种程度上可以看作从据乱世向升平世发展上升的过程。

中国建立起稳定完善的社会主义制度，对当前所处的发展阶段有清晰的认识，即长期处于社会主义初级阶段。对于这个阶段，中国绘制了一张现代化蓝图，将其细分为两个阶段，前一个阶段的目标是小康社会，后一个阶段的目标不是大同而是共同富裕社会。这表明，中国人对可见时期内的目标有清醒的认识。我们走在从小康社会到大同社会的路上，但是首先要实现经济发达，基本消除物质条件的障碍。经过社会主义初级阶段，还将有社会主义中高级阶段，我们在未来还有足够的时间去探索通向共产主义社会的道路。但是无论如何，我们当前从小康走向共同富裕的道路，不仅一直受到大同理想光芒的照耀，而且它的前方有共产主义的远大目标。

---

[1] 张海鹏：《孙中山民生主义理论体系的内在矛盾》，《历史研究》2018年第1期。

（二）社会主义从空想走上康庄大道

对理想社会进行探索大概是人类天性中具有的一种宝贵志向。一些时代天才往往不满足于当下的社会现实，一边批判现实，一边探索未来。孔子的慨叹并不孤独，100余年之后，柏拉图在雅典写下了著名的《理想国》。他提出公民各阶层按等级进行分工，各司其职，发扬各自的美德和能力，从而实现城邦人民的和谐幸福，但是奴隶阶层是没有这个权利的。[1]500多年前，资本主义生产方式在欧洲兴起，冲破了封建制度的障碍，破除了旧生产方式，促进了人类生产力的极大发展。"资产阶级在它的不到一百年的阶级统治中所创造的生产力，比过去一切世代创造的全部生产力还要多，还要大。"[2]但是资产阶级的发家方式并不美好，"羊吃人""圈地运动"是它的最好写照。用马克思的话来说，"资本来到世间，从头到脚，每个毛孔都滴着血和肮脏的东西"[3]。也正因为如此，从资本主义诞生的那一刻起，对资本主义的批判和对更理想的社会的探求也就随之而起并且从未湮灭。

这首先体现为各种空想社会主义的理论和实践。托马斯·莫尔畅想了一座位于遥远南美洲的"乌托邦"，托马斯·康帕内拉虚构了一座位于遥远印度洋沿岸的"太阳城"，傅立叶构想了一个以"法郎吉"为基层组织形式的"新世界"。这些理论中的理想社会的共同特点是人人平等，人人劳动，没有阶级压迫，人们精神饱满。作为有良知的资本家的欧文并不是纸上谈兵，而是对自己的工人进行了有效组织和管理，为工人子女创办学前教育，改善社区生活，还远赴美国创办新和谐公社。需要澄清的是，进步思想甚至实践并不

---

1 参见［古希腊］柏拉图：《理想国》，商务印书馆1986年版。
2 马克思、恩格斯：《共产党宣言》，人民出版社2014年版，第32页。
3 ［德］马克思：《资本论（纪念版）》第一卷，人民出版社2018年版，第683页。

是在书斋的咖啡香味中轻松完成的。先行者们有的掉了脑袋,有的被常年关在监狱中或被驱逐,但是他们留下了可代代相传的火种。

一方面,空想社会主义理论以及以后的社会主义理论中的一些因素被资本主义吸收。对于资本主义来说,只要不改变资产阶级占有生产资料和通过雇佣劳动占有剩余价值,其他的改良都好说,甚至是必要的。由此我们可以见到,资本主义生产关系在马克思主义诞生之后依然引领了至今以来的世界经济和技术进步,呈现出强大的制度变革生命力。当前世界上最发达的国家仍然都是资本主义国家,它们也呈现出多种发展模式。美国、德国、英国的资本主义各不相同。斯堪的纳维亚半岛国家都是最发达的资本主义国家,具有人类发展高水平和高社会福利,社会分配较为平均,却自称为社会民主主义。

另一方面,在空想社会主义基础上发展出了更多的社会主义理论,一边是共产主义和科学社会主义,另一边是各种社会民主主义、民主社会主义以及形形色色的中左翼理论等。现在各国都还有大量马克思恩格斯主义的和接近社会主义的政党与思想流派。层出不穷的社会主义革命和国家实践在亚非拉乃至欧洲大陆广泛展开。拉美地区除古巴外,不少国家在新自由主义和中左翼之间摆动,近年来呈现出新一轮的"左翼化"倾向,如智利、秘鲁、阿根廷等。曾经最早成功、成就最大的苏联的斯大林式社会主义最终轰然倒塌。继苏联之后,社会主义革命相继在一些国家取得成功,并各自走上了不同的发展道路。中国特色社会主义把14亿人的中国建设成为一个小康社会、世界第二大经济体,并将跨越高收入经济体门槛。下一步,中国将以追求高质量发展和共同富裕的方式实现赶超发达国家和发展社会主义的承诺。正像恩格斯所论述的社会主义理论从空想发展为科学那样,社会主义实践也从未停步,从空想走上了康庄大道。

（三）提升人民福祉，共圆中国梦

当前，全球百年未有之大变局正在加速演进，变幻莫测，世界政治经济形势复杂而动荡，中国经济换挡升级面临种种困难。有学者将与经济发展特定阶段相伴随的风险挑战称为"成长的烦恼"。[1]也许走向繁荣都要经历这样的过程，只是烦恼各不相同而已。对此，我们要一分为二地看待。一方面，我们要有信心和定力，相信有制度优势的保障，有新蓝图的指引，有科学理论的支撑，有全体国民的共同努力，中国的共同富裕前景是光明可期的。另一方面，我们也要对目前所处的阶段有正确的认知。我们还处于社会主义初级阶段，生产潜能、生产关系等方面的约束还非常明显。特别是就发展水平的横向比较来看，我们与发达国家还有相当大的差距，共同富裕也只不过是迈向理想社会的一个台阶，完全实现中国梦还要靠几代人接续奋斗。重要的是要踏实苦干，认真做好以经济建设为中心、高质量发展基础上的增进民生福祉工作。

经济和收入水平持续提高，达到中等发达国家水平

2021年，中国GDP按年度平均汇率折算，达到17.7万亿美元，是美国的77%左右。由于中国人口相当于美国的3.3倍，从而中国的人均经济水平仅是美国的23%左右。不过，中国已有部分城市、部分省份的经济发展水平与美国等发达国家的差距越来越小。中国在接下来的十几年当中，如果能实现平均每年4%的经济增长率，就可以在2035年实现人均GDP超过2万美元，跨越中等发达国家门槛，中国的经济总量将有可能较大幅度超越美国。与经济发展水平提高同步，居民收入增长速度将不低于经济增长速度，从而可以确保人民消费能力、生活水平能保持较快速度增长，满足日益增长的

---

[1] 参见蔡昉：《成长的烦恼：中国迈向现代化进程中的挑战及应对》，中国社会科学出版社2021年版。

美好生活需要。

收入分配明显改善,收入和财富差距明显缩小

我国当前的发展水平是建立在较高的收入差距基础上的,居民财富差距更大。作为阶段性非均衡发展的结果,这存在某种程度的合理性以及被动性,但是改善收入和财富分配的压力也在增大。改善收入分配的结果最终会体现为居民收入基尼系数的下降,但是仅依靠经济体系本身的调整或者再分配政策很难实现这样的扭转。为此,我国将从两个方面发力解决收入差距问题。一方面,构建初次分配、再分配、三次分配协调配套的基础性制度安排,各次分配均注重效率与公平的平衡。另一方面,制定分人群的发展战略,尤其是中等收入群体收入倍增计划以及长期性低收入群体的共享繁荣发展战略,实质性缩小人群收入差距。日益扩大的居民财富差距,有望通过深化农村集体产权改革、房地产税立法和改革、规范资本性所得管理等途径加以调节,进而居民财产性收益差距也有望缩小。

基本公共服务保障进一步健全

基本公共服务是由国家承担的、满足民生方面核心需求的供给。党的十九大已经提出要实现幼有所育、学有所教、劳有所得、病有所医、老有所养、住有所居、弱有所扶,其内涵与范围和古代描绘的小康社会"老有所终,壮有所用,幼有所长,鳏、寡、孤、独、废疾者皆有所养"的图景高度一致。国家设立了公共教育、劳动就业创业、社会保险、医疗和公共卫生、住房保障、公共安全、公共文化体育等10个方面的基本公共服务来实现"七个有所"。这些基本公共服务的普及程度和质量的提高将不断提升全体居民的基本公共服务受益水平,缩小受益差距。农村低收入人口、城乡流动人口、结构性和摩擦性失业人口、平台劳动者等特殊群体也将

通过基本公共服务体系获得更好的社会保护。

人民福祉水平大幅度提升，差距持续缩小

在以人民为中心的发展思想的指引下，发展和改革都以增进人民福祉为出发点和落脚点。人民福祉水平的提升主要体现为综合生活质量的不断提高，包括物质生活和精神生活。生活质量提高的来源，既有家庭劳动收入以及财富收益，也有政府公共服务以及全社会生产水平、公共道德水平的提高等。共同富裕所要求的缩小差距从表面上看是缩小收入差距，实际上是以实现高品质生活、缩小福祉差距为归依。受劳动能力所限的低收入群体，完全可以通过偏向性提供基本公共服务、转移支付等方式来弥补其收入不足。由此观之，在共同富裕社会不仅可以看到收入差距趋于缩小的趋势，还将看到居民福祉差距以更明显的速度缩小的态势。我们有理由期待，共同富裕社会也将是共享福祉的社会。

为了扎实推动共同富裕，首先要认识什么是共同富裕，即对共同富裕的内涵要有足够的准确理解，并且建立广泛的群众基础。一般都侧重从经济增长、收入分配、财富积累等角度看待共同富裕。在我们看来，从这些方面破题没有问题，但若认为有了足够的收入和财富，精神富裕和美好生活就会随之而来的思路难免存在本末倒置的嫌疑，普通人在其中找不到存在感、参与感。我们认同发展手段与发展目的之间的逻辑关系，但是我们更加重视发展目的自身。本章从以人民为中心的发展思想出发，从三个方面对共同富裕的内涵进行细致剖析，即全面发展的富裕、所有人的富裕以及循序渐进的共同富裕。既推动共享发展成果，也推动共享发展机会和过程，循序渐进，有利于每个人在共同富裕的道路上找到合适的位置。

第二章

以人民为中心的共同富裕的内涵

习近平总书记在 2021 年 8 月提出："共同富裕是社会主义的本质要求，是中国式现代化的重要特征。我们说的共同富裕是全体人民共同富裕，是人民群众物质生活和精神生活都富裕，不是少数人的富裕，也不是整齐划一的平均主义。"[1] 在党的二十大上，习近平总书记进一步提出，实现全体人民共同富裕是中国式现代化的本质要求。这些重要论述对共同富裕的内涵进行了高度概括。在此之前和之后，对共同富裕内涵的理解和阐释已有各种不同的版本。已有的著述大部分都是从物质财富的生产和分配来切入，而将共同富裕的目的——人的福祉增进和全面发展视为当然的结果，往往也着墨不多，而这将是本书的重点。我国已经确立以人民为中心的发展思想，经济发展是手段，增进人民福祉、促进人的全面发展是出发点和落脚点。从而，我们从共享福祉与全面发展角度将共同富裕的内涵理解为三个方面：一是全面发展的富裕，要纠正多年来过度重视 GDP 增长、忽视精神家园建设的现象，即不仅在物质生活上要共同富裕，在精神生活上也要共同富裕；二是所有人的富裕，即要改变目前三次分配中的不合理现象，促进全体居民在经济发展中共享发展机会，共同创造和享受财富，提高居民收入在 GDP 分配中的比例，并逐步改变城乡之间、区域之间、职业之间不合理的收入差距；三是循序渐进的共同富裕，即共同富裕和缩小收入差别不能靠劫富济贫、不能指望一蹴而就，而是需要决心，更需要耐心，要在发展中解决问题。

---

[1] 习近平：《扎实推动共同富裕》，《求是》2021 年第 20 期。

一

全面发展的富裕

全面发展的富裕既包括物质生活的全面富裕,也包括精神生活的全面富裕。物质生活的全面富裕有三个标准:一是效率,即物质财富是由全体人民高效率地创造出来的;二是公平,即所创造出来的财富是全体人民公平享受的;三是稳定,即财富创造和分配是稳定的和可持续的。精神生活的全面富裕既包括每一个国民的身心健康和心灵自由,也包括全体国民拥有共同价值观和精神家园。

(一)物质生活的全面富裕

共创财富

每个人都尽自己的能力、用自己的方式高效率地创造财富,在为自己创造财富的同时也为社会创造财富。这就需要充分发挥市场机制的作用,使市场机制在资源配置中起决定性的作用。亚当·斯密论证了个人完全出于追逐利益的动机,通过自由竞争,就可以让产品更加丰富、成本更低、社会资源分配更有效率,从而使整个社会的财富更快增长。这个过程就像一只看不见的手在引导整个社会走向更加合理的方向。

市场机制几乎造福了包括资本所有者、工人、生产资源所有者、消费者等在内的所有人。市场机制和工业革命导致的技术进步的结合使人类进入了财富快速增长的现代文明时代，这一制度创新使所有人都有可能施展自己的才华，实现机会上的平等，并得到自己应得的物质财富。尤其是进入20世纪以来，不断进步的科技与市场机制的结合使人类经济进入了一个可持续的累进增长状态，这一时期人类创造的财富比人类有史以来累计创造的财富还多。

近几百年的人类经济发展史表明，市场是配置资源最有效率的形式，市场经济本质上就是由市场决定资源配置的经济。不过市场经济并非只有一种模式，而是与各个国家的历史、文化、现实国情等密不可分，不同国家会根据自身历史、文化、现实国情等发展出不同的市场经济模式。我国根据自身具体实际探索建立了社会主义市场经济体制，实现了40多年来生产力的高速发展、人民生活水平迅速提高和综合国力的显著提升。

但是与理想状态相比，我国在完善市场机制、实现公平竞争等方面在现实中还有很多问题，导致经济发展面临一些现时困难。2021年12月，中央经济工作会议提出"必须看到我国经济发展面临需求收缩、供给冲击、预期转弱三重压力"。这些压力的产生有三个主要因素：一是国际政治经济形势的影响。自改革开放以来，中国经济已深度介入世界经济大循环，在享受到"入世"红利的同时，也受到国际政治经济变动的不利影响，尤其是近几年国际上技术壁垒加强和贸易保护主义加剧，使中国发展的国际条件受到威胁。为了应对这一挑战，中国提出了"双循环"发展战略，但这一战略短期内还难以见效。二是国内经济发展条件发生了变化，随着中国经济的快速发展和财富的迅速增长,原来支持中国经济快速发展的有利因素发生了改变,最突出的就是人口红利的消失,这导致了劳动力、土地、矿产等生产要素由以前的充足变为短缺,致使生产成本大幅上升,国家整体经济的竞争力下降。一方面,一些劳动密集型产业不再具有竞争力,导致部分产业转移到东南亚。另一方面,由于成本的提高导致了产品价格的提高,而价格的提高限制了人们的购买能力,致使国内有效需求不足。三是政府与市场的边界还不清晰。近些年有人总结中国经济发生奇迹的原因是"有为政府和有效市场",但具体到实际工作中,市场和政府的边界和分工应该是什么样的,还没有纳入法律法规框架。这导致现实中经常有政府干预过度的现象发生,使经济增长的行政成本加大,这不利于稳定预期,也不利于经济的健康发展。

共享财富　　全社会的每个人都有权利公平地享受社会财富。每个人虽生而平等,但每个人的天然禀赋、健康状况、受教育程度、从事的职业等不同,财富创造能力也会有所不同。更重要的是,任何人都不可能在人生的每个阶段都进行劳动、创造财富。这就需要全社会的财富在完成社会财富创造者各尽所能、各享所得的第一次分配的同时,通过二次分配和三次分配,由政府、社会组织和个人为那些不直接创造财富但是为社会所必需的工作者群体,以及那些没有劳动能力的弱势群体如儿童、老人等提供基本的帮助和照护,使他们也能公平地享受社会财富。总体说来,一次分配体现各尽所能,二次分配体现公平正义,三次分配体现慈善美德。

第一次分配是由市场按照效率原则进行的分配。每个人按照市场机制下形成的专业化分工和社会化合作,通过投入劳动、资源、技术等生产要素而获得收入，如工资、利息、利润、租金等。在政治经济学中，衡量一国国民收入初次分配是否公平的主要指标是劳动报酬总额占国内生产总值的比重，亦称分配率或劳动分配率。分配率反映了国家、企业和个人三者之间的关系。与主要经济体相比，我国劳动分配率偏低。1990年，中国劳动分配率为53.4%，2001年该比率降至51.4%，2007年则只有39.74%，2008年以后才开始回升，2017年回升到47.51%，近年来在50%左右。与国际数据比较，经济合作与发展组织（OECD）内的国家劳动分配率一般在56%左右，比我国高近5个百分点，美国则高达70%左右。[1] 劳动分配率越高，说明国民收入的初次分配越公平。比较之下，中国的分配率远低于发达国家。这不利于中产阶级占多数的橄榄型社会的形成，更不利于共同富裕。

第二次分配是指在国民收入初次分配的基础上，由政府主导，按照兼顾公平和效率的原则，通过税收、社会保障支出这一收一支所进行的再分配。通过国民收入的再分配，不直接参与财富创造的社会成员或集团，从参与初次分配的社会成员或集团那里获得收入。第二次分配由政府主导，主要遵循公平原则。因此，第二次分配是政府进行必要的宏观管理和收入调节，保持社会稳定、维护社会公正的基本机制。例如：行政事业经费，国家对城乡的养老保险、医疗保险所注入的资金，下岗职工基本生活保障，失业救济，城镇居民最低生活保障，等等，也有对农村和边远地区基础设施建设的转移支付等。由政府主导的二次分配的本来作用是要弥补市场机制下初次分配在公平方面的不足，但我国却存在着一定程度的"逆向调节"现象。具体而言，我国第二次分配中长期以来存在如下问题：一是财政收入增长过快，财政收入增速一直快

---

[1] 马建堂主编：《奋力迈上共同富裕之路》，中信出版社2022年版，第188—189页。

于 GDP 增速，政府汲取过多；二是行政费用占比过多，用于行政的费用的增长速度快于财政收入增长速度；三是用于拉动 GDP 的国家投资过多，用于民生改善的支出过少。

第三次分配是指企业和个人在社会责任和社会道德力量外部推动以及内心追求至善至美境界的自我激励下，通过企业和个人自愿捐赠和慈善活动而进行的分配。如建立基金会、举办公益性事业、慈善捐赠等，这是社会收入的第三次转移，即第三次分配。第三次分配体现的是一种社会文化、道德水准和文明程度，而不是制度的强制约束。第三次分配体现公民参与帮助弱者的渴望和完善自身道德的内在要求。第三次分配的实现程度，与社会经济和文化发展水平成正比。在社会总体收入水平比较低和社会进步缓慢的阶段，第三次分配往往不易彰显出来，更多地只能是一种分散的、零散的、短期的、自发的个体行为，慈善捐助数量很小。而当社会绝大多数成员收入水平和社会文明程度达到比较高的阶段后，第三次分配才能够发挥出显著的作用。我国近些年第三次分配发展很快，企业家成为第三次分配主体，但与发达国家相比，我国第三次分配还有很大差距，主要表现在：一是总额较少。比较而言，发达国家慈善捐赠总额占 GDP 的比重通常在 2% 左右，我国慈善捐赠占 GDP 的比重仅为 0.2% 左右，人均捐赠仅 100 多元。[1] 二是公信力不足。中国慈善事业公信力曾多次遭到公众质疑，如慈善机构的丑闻、对大病众筹平台公益属性和运营模式的争议、保障妇女儿童合法权益落实不够、对"99公益日"举报与惩罚机制的质疑等。三是激励机制不完善。如税收减免和行业监管等方面都需要完善。

---

[1] 王勇：《2018 年全国接收捐赠 1624.15 亿元》，《公益时报》2019 年 9 月 24 日第 7 版。

作为三次分配目标的共享

共享财富主要通过三次分配来实现并体现公平性。共享具体来说就是实现七个"有所"全覆盖，即幼有所育、学有所教、劳有所得、病有所医、老有所养、住有所居、弱有所扶。

"幼有所育"是指所有的孩子自出生起就平等享有健康的养育和成长的权利。孩子不仅仅是父母的财富，更是祖国的未来，需要得到平等的保护和关爱。目前，我国在这方面与发达国家相比还存在一些差距：一是部分农村地区的孩子由于父母外出打工等原因不能随父母一起生活而成为留守儿童，在健康成长方面存在缺憾；二是在幼儿园教育阶段还没有实现义务教育，使幼儿阶段的受教育权不能实现平等。

"学有所教"即所有的孩子自出生起就享有公平的受教育的权利。目前我国实行的九年义务教育已基本达到了这一目标。不足在于，在九年义务教育完成以后，还有一部分青少年没有达到法定就业年龄，又不能继续接受高中教育和职业教育，主动或被动地过早流入社会，容易被引诱导致堕落。一部分女孩过早婚育，其妇女权益不能得到很好的保障。因此，随着我国国力的增强，有必要进一步将义务教育向幼儿园扩展和向高中延伸，使所有孩子在成年之前都能得到公平的受教育的权利。

"劳有所得"就是劳动者付出的劳动都会得到相应的收入，多劳多得、少劳少得。做好这方面工作不仅需要使市场经济的分工与合作原则得到贯彻，培育和弘扬社会契约精神，还需要相应的法律来保障。很多年以来，中国拖欠农民工工资的情况屡有发生，不仅民营企业拖欠，国有企业也拖欠，甚至出现政府帮助农民工讨薪的情况。拖欠农民工工资问题到现在还没有得到全面解决。拖欠工资现象完全背离了基本的公平和正义，也背离共同富裕的基本要求，亟须在今后的发展中得到彻底的解决。

"病有所医"即所有受到疾病侵袭的社会成员都能得到及时有效的治疗。身心健康不仅仅是国民经济重要的人力资本,也是人人应该享受的基本权利。公民平等享受教育和医疗是现代文明国家最基本的公平底线。我国在经济社会发展水平较低的时候就建立起了城乡基本医疗保障制度的框架,但在整体保障水平、不同社会成员获得保障的质量等方面,还存在实际保障不足、公平不彰等问题。因病致贫返贫、看病贵和看病难等现象还时有发生。还需要进一步完善基本医疗保障制度和建立免费救助制度,尤其是对儿童、老年人等群体的大病重病进行免费救助应予优先安排,以保障弱势群体的健康权利。

"老有所养"即所有的老人都能颐养天年。尊老爱幼是中华民族的优良传统。在追求中华民族伟大复兴之际,"老有所养"应是我国社会文明的基本底线。传统中国的养老责任是由子女承担,而目前面临与传统社会不同的情势。由于实行计划生育以及改革开放以来推进经济活动市场化和人口城镇化,实现农村老年人共同富裕面临诸多挑战,主要表现在:一是家庭养老功能已日益弱化,独生子女无法兼顾工作和照护老人;二是农村社会保障制度还不健全,城乡养老金差距太大,农民养老金水平太低,处于极端的不公平状态;三是随着农村空心化和集体财力弱化,农村社区对老人的保障能力较弱。这些问题需要政府和有关社会组织统筹考虑。为了促进农村老年人共同富裕,应坚持福利性公共政策向农村老年人倾斜的原则,建立老年人、家庭、集体、政府等多元主体协同推进农村老年人共同富裕的制度和政策体系;形成多元化供给主体和以村级养老服务中心为基础的农村养老服务体系，以满足农村老年人多类型、多层次的服务需求。

"住有所居"即人人享有的平等和公平居住权。安居乐业是中国人自古以来的追求，居有其屋是每个人的基本需求。随着中国经济的快速发展，中国人的人均住房面积已超过国际平均水平。现有主要问题如下：一是住房方面的贫富差别太大，中国人财产方面（主要是住房）的基尼系数远高于收入方面的基尼系数。二是城乡二元户籍制度使人口不能在城乡之间自由迁徙，一些农村户籍人口不能在想要居住的城市自由购买住房。三是一些地区的住房价格过高，超出了人们正常的购买力，已购房的一些人也因为房贷压力大而挤压了其他方面的支出和消费。

"弱有所扶"即弱势群体得到基本的帮扶。弱势群体包括那些鳏寡孤独者、老弱病残者、遭受重大灾难袭击者等，他们也应该享有基本的人身权利，衣、食、住、行等方面应得到政府和社会的基本保障和照护。现在的问题是，虽然我国在这方面的法律、制度、组织机构等都已经建立，但覆盖面还不足，相应的基础设施和社会组织还不够健全。

财富稳定增长　　从理论上说，自进入20世纪以来，科技进步与现代市场机制、法治体系的结合已使人类经济进入了一个可持续的财富增长状态。但现实中，有些国家和地区实现了财富的可持续增长，有的国家却在增长一段时间后跌入中等收入陷阱，国力由盛转衰。这种情况说明，经济和财富的可持续增长不是必然的，而是需要一系列的条件作支撑。一般来说，有一系列破坏经济持续稳定增长的因素：一是政府规模的过大或过小。承担公共管理和服务的政府部门的相对规模和全社会经济表现之间的关系是倒U形的。政府部门太小会不利于经济表现，因为阻碍了经济活动必要基础设施的形成和受适当教育的劳动力的供给，而这些是实现经济最优运行所需要的。不过，要是超越了一定限度，政府活动对经济表现的反面效应会开始超过其正面效应。全世界所有的高度发达国家看起来都处在该曲线的向下倾斜部分。二是税收负担过重。即政府在第一次分配中征收太多，侵害了居民和企业部门的合理利益。三是存在管制乱象和腐败。管制乱象的存在一方面制造出权力寻租空间，为腐败滋生提供机会；另一方面也抑制了经济领域的创新和创造活力。四是利益集团的垄断。观察资本主义国家，可以看到大部分利益集团都追求再分配利益，如商业贸易协会、工会等。这些集团的活动大部分都是致力于创造或保持垄断地位。资本主义国家的工会寻求让雇主只雇用工会会员并和工会协商来确定工资和其他的雇员福利，以及商业协会和工会都寻求让国家保护他们的成员免受外国竞争等。这些利益集团的存在有利于它们成员的利益，但是其垄断活动降低了经济活动的效率。

对比之下，我国在这方面也存在一些问题，如税收过重、管制偏多、行业垄断、以权谋私等。这些问题又往往与权力任性和对权力的约束不够有关，权力行使容易侵犯市场原则，导致市场机制不能有效发挥、市场竞争不能公平开展，如果不能有力纠正，不仅共同富裕难以实现，还可能加大贫富差距。

中共中央显然已认识到这一问题的严重性。党的十八届三中全会通过的《中共中央关于全面深化改革若干重大问题的决定》指出，要继续深化经济体制改革，使市场在资源配置中起决定性作用和更好发挥政府作用。在《中共中央关于制定国民经济和社会发展第十四个五年规划和二〇三五年远景目标的建议》中也提出："充分发挥市场在资源配置中的决定性作用，更好发挥政府作用，推动有效市场和有为政府更好结合"；"坚定不移推进改革，坚定不移扩大开放，加强国家治理体系和治理能力现代化建设，破除制约高质量发展、高品质生活的体制机制障碍，强化有利于提高资源配置效率、有利于调动全社会积极性的重大改革开放举措，持续增强发展动力和活力"；"产权制度改革和要素市场化配置改革取得重大进展，公平竞争制度更加健全，更高水平开放型经济新体制基本形成"；"激发各类市场主体活力"和"弘扬企业家精神"；"加快转变政府职能。建设职责明确、依法行政的政府治理体系。深化简政放权、放管结合、优化服务改革，全面实行政府权责清单制度"；等等。

（二）精神生活的共同富裕

精神生活的共同富裕应是精神文明发展的必然结果。1980年12月25日，邓小平在中央工作会议上指出："我们要建设的社会主义国家，不但要有高度的物质文明，而且要有高度的精神文明。"他还强调物质文明和精神文明要两手抓，两手都要硬。精神文明也包括两个方面：一是个人精神的自由和强大，二是人与人之间关系和谐并形成价值共同体。

每个人的精神富裕

鲁迅先生早在1907年就在《文化偏至论》中提出"立国必先立人"。中华民族要实现伟大复兴，中国要在2035年基本实现现代化，到2050年建成现代化强国，首先得有身心健全、具有现代观念的国民。马克思在《共产党宣言》中也说，每个人的自由发展是一切人自由发展的条件。人是观念的动物，接受什么样的观念，就会成为什么样的人，因此，发展教育和培养读书习惯是培养现代合格公民的必要条件。身心全面发展的中国人应是什么样的？我国改革开放以来，在培养合格公民方面已建立了标准体系,其中最重要的是行为标准和价值标准。

第一,行为标准。行为标准是"五讲四美三热爱"。1981年2月25日,全国总工会、共青团中央、全国妇联、中国文联、全国伦理学会、中国语言学会、中华全国美学学会和中央爱卫会、全国学联等九个团体响应中共中央关于开展社会主义精神文明建设的号召,联合发出《关于开展精神文明礼貌活动的倡议》,提出开展"五讲四美"活动。后来又加上"三热爱",使"五讲四美三热爱"成为合格中国公民的个人标准,即"讲文明、讲礼貌、讲卫生、讲秩序、讲道德;心灵美、语言美、行为美、环境美;热爱祖国、热爱社会主义、热爱中国共产党"。

第二,价值标准。价值标准是社会主义核心价值观。2012年11月,党的十八大正式提出:"倡导富强、民主、文明、和谐,倡导自由、平等、公正、法治,倡导爱国、敬业、诚信、友善,积极培育和践行社会主义核心价值观",即24字社会主义核心价值观,囊括国家、社会、公民三个层面。

以上这些标准是国家和社会对我国公民的期望目标和外在要求,但对于个人的精神成长和心灵发展重视得还不够。近些年,我国经济社会中出现了"拜金""房奴""过劳死""996""007""躺平""内卷"等现象,说明个人的精神成长和心灵发展在出现新问题。这些问题具有鲜明的时代背景:一是过于强调经济增长和经济效率,挤压了国人的自由时间。从国际比较的角度看,中国人的平均劳动时间几乎最长,没有充分的闲暇时间,而闲暇时间是个人心灵的成长时间。追求经济增长而挤压个人精神成长和心灵滋养空间的现象急需改变。二是科技进步异化了人的精神,人成为科技的奴隶和工具。智能手机的发展和娱乐游戏节目的泛滥,侵蚀了人们的独立思考，使人们成为自动接受算法"投喂"的消费机器。三是大学教育过于强调专业分工，忽视了对学生人文精神的培养，使人成为"专业人"和"工具人"，而不是身心健全的"立体的"和"大写的"人。

因此，在今后向共同富裕发展的过程中，不仅经济要实现高质量发展，人的精神文明也要重视高质量发展。对于个人来说，需要建立起一个自尊、自强、自由的强大人格，只有公民个人普遍拥有强大的人格，才能建立强大的国家和民族。在培育强大人格、实现人的精神富裕方面还有许多工作要做。

第一，培养健康人格。全社会要重视人文教育，培养人们的同情心、同理心，培植人的初心和灵性，厚植人为万物之灵的尊严。通过人文教育，使一定程度上作为手机和机器附属品的当代人，摆脱工作和生活中服从于机器和娱乐统治而造成的异化，也避免在工作之余沉溺于满足物质欲望，积极追求精神富裕。

第二，严格落实劳动法。要杜绝"007""996"等过劳工作现象，科学配置工作时间，保障人们的休息权和闲暇权，以充分的自由时间的赋予，确保人们享有自由的个人发展空间，拥有自由的心灵。

第三，健全社会保障制度。真正落实"幼有所育、学有所教、劳有所得、病有所医、老有所养、住有所居、弱有所扶"的社会发展要求，使人们对未来有稳定的预期和充分的信心，保障其基本的生存和发展需求，能免于焦虑和紧张，更好地发挥生产潜力。

人与人共同体的精神富裕

人与人之间的关系有三个维度：一是价值归属，二是行动参与，三是行动结果。

第一，价值归属。人是社会动物，具有社会性，人与人之间必然需要交往。通过人际交往，人才能找到自己的价值，获得团体归属感，高质量的人际关系有助于提升人的幸福感和身心健康。在传统社会，人们之间的关系主要来自血缘、地缘，进入现代社会以后，业缘和趣缘关系强化。形象地说来，这四个方面的关系就是一个人与家人、老乡、同事、朋友的关系，其中包含着爱情、亲情、乡情、友情，这些关系定义了一个人的社会性。良好的关系和情谊不仅有助于个人的身心健康，也有助于提高小共同体和整个社会的和谐与福祉。

随着中国从传统社会向现代社会转型，人与人之间的关系格局由以前费孝通所描绘的"差序格局"向平等、开放的关系格局转变，人与人之间靠情感和礼俗维系的关系比重下降，在更大范围内与陌生人之间由于分工、合作、竞争、交易等形成的以理性和契约维系的关系比重上升，人与人之间的认同也从小共同体内部的情感认同转向大共同体内的价值观认同和利益认同。在这一转型过程中，值得关注的问题，一是感情关系越来越让位于利益关系，甚至侵蚀了血缘关系和亲情，造成了人心的荒凉和孤独，容易引起怀疑人生的价值虚无感。二是合作与信任成本居高不下。欺骗行为时有发生，造成社会中不信任感难以消除，治理社会摩擦的成本越来越大。随着现代化进程的深入推进，对这一转变过程中此类失序现象要高度重视，要通过教育、法治、文化交流等手段减少沟通成本和摩擦成本，提高全社会的价值观和认同感，使人们逐渐从对小共同体的依附状态转向在大共同体内的独立自由状态，从而完成从传统社会向新型社会的现代化转型。

第二，行动参与。人们在从小共同体向大共同体的转型过程中，对共同体事务的参与方式也发生改变。在小共同体中，共同体的公共性是私人性支配下的公共性，参与和决策的角色容易受权威和服从关系支配，而在大共同体中，共同体的公共性应是公共参与下的公共性，参与和治理原则应该是平等参与、共同协商、民主决策、尊重个性、各美其美。大共同体的参与和治理有以下原则：一是人人平等原则。这需要建立相应的法律法规，以确保在法律和规则面前人人平等，这是平等参与的底线。二是全程公开原则。所有人对应了解的公共事务享有知情权，可以公开讨论和批评，可以全程监督和参与，以保证程序正义。三是民主决策原则。每个人都可以表达意见，决策形成应遵循先民主后集中的原则，在民主决策过程中要遵从少数服从多数的原则，但少数人的权利也不应被忽略和歧视。

第三，行动结果。通过民主参与行动以及各种共同体内成员的平等互动，最后形成稳定的价值观和利益共同体。这一共同体应有以下特点：一是共同体中形成公共道德，即所有人持有相同的道德观念。如中华民族几千年来形成了一些共有的道德遵循，如尊老爱幼、扶危济困等。二是共同体中形成共同意志或共识，如对于公与私之间的边界和权力正当行使所形成的共识以及保证对于每一个个体应予的尊重。三是共同体中形成共同的行动逻辑，即所有人的行动遵行相同的逻辑。四是共同体中形成共同利益即共同富裕的物质条件，这标志着共同体内部团结，有凝聚力，也意味着共同体真正意义上的实现。五是共同体中所有人形成对共同体的共同情感。小方面的如对单位和企业的感情，大方面的如对祖国的热爱等。

由于我国正处于传统社会向现代社会、农业社会向工业社会、农村人口占多数向城市人口占多数、全面脱贫向共同富裕的急剧转型中，一些旧的道德、价值观和行为规范被扬弃，而新的道德、价值观、行为规范还处于建设和完善过程中，人与人共同体的精神富裕还远没有形成。所以党的十九大鲜明提出了"中国特色社会主义进入新时代，我国社会主要矛盾已经转化为人民日益增长的美好生活需要和不平衡不充分的发展之间的矛盾"的重大判断。与1981年党的十一届六中全会对我国社会主要矛盾所作的规范表述"我国所要解决的主要矛盾，是人民日益增长的物质文化需要同落后的社会生产之间的矛盾"相比，对新的社会主要矛盾的表述正是强调在已经解决了整体上物质财富匮缺的问题之后，更多关注解决共同体内部发展不平衡、不充分和分配不公正等问题。

这些问题不只是与财富和物质分配有关的利益问题，也是与价值观引导和共识凝聚有关的思想观念问题。一是价值观、人生观、世界观"三观"需要正确引导。现在的网络上，虽然人们都享有表达的自由，但在很多事情上大家存在不同的看法，且不同看法不易调和。二是共同行为规范和行为逻辑需要精心构筑。要坚决反对各种机会主义和投机主义，改变某些人只看到短期利益，缺乏长期打算，更不考虑长期利益的行为方式。三是提倡对自己所处共同体之外的共同体或个人给予善意和宽容。对地域攻击、阶层攻击、职业歧视、性别歧视等不良行为要严肃矫正。四是要划清公私界限。坚决克服化公为私或借公行私等消极现象。对于存在的各种问题，一方面要正确理解和对待，同时也要正视和寻求解决方案。首先应该了解这是转型社会必然会发生的正常问题。观念的转变是"慢变"，对观念问题不必危言耸听，更不能操之过急，需要在发展中逐步缓和及和解。对这些问题也要引起重视，不能任由其发展，以免积重难返。除了需要用社会主义核心价值观来凝聚共识以外，更重要的是建立公平、公正、公开的法律、法规，真正实现依法治国，做到法律面前人人平等。

二

所有人的富裕

共同富裕是奋斗目标,在实现这一目标的过程中,不仅要关注缩小贫富差距,同时也要在宏观层面追求所有人的共同富裕。目前,我国收入基尼系数在全球主要经济体中仍然属于较高的,而财产基尼系数更高。共同富裕首先要使居民收入基尼系数有较大幅度下降,回落到安全范围以内,在此基础上进一步缩小社会成员在其他方面的差距。实现所有人的富裕,需要解决以下三个方面的收入差距问题:一是城乡居民收入差距过大;二是地区居民收入差距悬殊;三是不同职业和人群收入差距不合理。

(一)城乡差距缩小和融合发展

中国城乡的居民收入存在很大的差距。城乡收入差距是我国城乡发展不平衡的重要表现。一是城乡居民可支配收入差距不合理。改革开放以来,我国城乡居民收入差距先扩大后缩小。城乡居民收入比在2009年达到历史极值3.33,2020年下降到2.56,但这一差距仍然是较大且不合理的。从国际经验来看,合理的城乡居民收入比应当低于1.5。2021年,我国共同富裕示范区浙江省的城乡居民收入比缩小到1.94。二是农村居民消费水平仅为城市居民的一半左右。2020年农村居民人均消费支出只是城市居民的一半，农村居民恩格尔系数比城市高3.5个百分点。三是公共服务的差距。无论是教育投入、医疗投入、公共交通投入，还是医疗保障和养老保障，城乡之间都存在明显差距。

缩小城乡居民收入差距的第一步应是将收入差距缩小到浙江水平，即城乡居民收入比降到2以内。第二步应是将城乡居民收入比缩小到国际公认的合理水平即1.5以下。第三步是达到发达国家的水平，即接近于1。

缩小城乡收入差距最重要的手段是要彻底改革城乡二元体制，改革城乡二元户籍制度、土地制度和公共服务制度，使市场机制在生产要素配置和流动中起决定性作用。另外要使城乡基本公共服务实现均等化，加快从城乡二元结构转向城乡融合发展，再到城乡一体化的真正实现。实现共同富裕，最大的潜力和困难都是在农村，中国目前有6亿多农民，包括5亿多农村常住人口以及住在乡镇的农民和农民工。如果他们的收入和消费水平接近城市居民，将不仅给我国国民经济提供强大的发展动力，也意味着共同富裕的基本实现。目前，国家已完成的脱贫攻坚战略和正在实施的乡村振兴战略，正是缩小城乡差距、实现城乡共同富裕的应有之举。

（二）地区差距缩小和协调发展

2019年底，我国人均GDP按年平均汇率折算突破1万美元，到2021年底又超过1.2万美元，但区域间发展仍存在较大差距。从人均GDP来看，2021年区域人均GDP超过全国人均GDP（8.1万元）的省（自治区、直辖市）只有11个，前三名是北京、上海、江苏，分别是18.4万元、17.4万元、13.7万元，最后三名是广西、黑龙江、甘肃，都低于5万元。从省级行政区人均可支配收入看，前三名分别是上海、北京、浙江，分别是7.8万元、7.5万元、5.8万元，后三名是西藏、贵州、甘肃，分别是2.5万元、2.4万元、2.2万元。[1]通常用人均GDP变异系数来反映各地区的发展水平差异。[2]OECD（经济合作与发展组织）国家的人均GDP变异系数绝大多数在0.3以下，而2020年，不包括台湾和香港、澳门，我国31个省（自治区、直辖市）人均GDP变异系数达0.47，[3]我国区域收入差距明显不合理。

我国区域收入差距有客观性的一面，也有体制性不合理的一面。客观性的一面表现是地理环境是经济发展的关键因素。自我国改革开放以来，中国经济实现了惊人的快速发展，从地理空间看，是那些处于改革开放前沿的区域如沿海地区和改革试验区获得了更快的经济增长和发展，而处于不利区位的区域的经济增长和发展则较为落后。我国地理位置引发发展差距早在1935年已由地理学家胡焕庸发现，他将黑龙江瑷珲（黑河）与云南腾冲相连，后称为"瑷珲－腾冲线"，也称"胡焕庸线"。这条线上东南方向的土地供养了全国90%的人口，贡献了90%以上的GDP；而其西北方向的土地供养的人口和贡献的GDP均不到10%。80多年来，战争、上山下乡、改革开放、西部大开发等都没能改变这条线代表的经济格局。地理环境决定论在美国贾雷德·戴蒙德《枪炮、病菌与钢铁》中得到更大范围、更长历史的证明，即引起发展速度差异的根本原因是自然环境的差异。

体制性不合理的一面表现为计划经济时期遗留的平衡发展战略。中国当代经济起源于计划经济和农业经济，过去我们对于"平衡发展"的理解是地方经济要"均匀分布"，也就是经

---

[1] 注：不包括港澳台地区。资料来源为国家统计局和各省（区、市）统计局。

[2] 变异系数是衡量各观测值差异程度的一个统计量，是标准差与平均数的比值。

[3] 参见马建堂主编：《奋力迈上共同富裕之路》，中信出版社2022年版，第43、46页。

济不要集中在少数地区。改革开放以来，在发展是硬道理和重视考核GDP指标的背景下，每个地方也都尽力做大自己的GDP和税收规模。一些地理条件、发展环境相对不是很好的地方，也为了追求自己的经济增长和税收增长，在本地发展了很多事后看起来偏离了当地优势的产业，特别是草率上马了一些工业园和一些新城。这些工业园和新城的背后，其实是大量的地方政府投入在支撑，而这些投入的来源又大量依赖地方政府的负债。其结果就是欠发达地区经济没有增长上去，反而出现了地方政府债务高企的现象。

为了缩小区域间发展差距，可以将目标确定为将全国省级区域人均GDP变异系数降低到0.3以下。为此，首先要从非均衡发展战略转向区域协调发展战略。党的十九大首次在国家层面提出了区域协调发展战略。党的二十大则将区域协调发展战略、区域重大战略、主体功能区战略、新型城镇化战略并列，提出协同促进区域协调发展。新时代的区域协调发展战略有三个内容：一是加大力度支持革命老区、民族地区、边疆地区、贫困地区加快发展，强化举措推进西部大开发形成新格局，深化改革加快东北等老工业基地振兴，发挥优势推动中部地区崛起，创新引领率先实现东部地区优化发展，建立更加有效的区域协调发展新机制。二是以城市群为主体构建大中小城市和小城镇协调发展的城镇格局，加快农业转移人口市民化。以疏解北京非首都功能为"牛鼻子"推动京津冀协同发展，高起点规划、高标准建设雄安新区。三是以共抓大保护、不搞大开发为导向推动长江经济带发展。支持资源型地区经济转型发展。加快边疆发展，确保边疆巩固、边境安全。其次是要尊重经济规律和城市化规律。要承认区域间的客观差别和区位优势差异，要按照国土空间主体功能区规划，有规划、有开发、有保护，通过以城市群为主体的城镇发展格局带动区域间的协调发展。再次是要尊重市场规律。通过让市场在资源和生产要素配置中起决定性作用来缩小地区差距，使落后地区的劳动力更多地转移到城市和发达地区就业和生活，从而缩小区域间的居民收入差距。

（三）人群差距缩小和共享发展

除了城乡差别和区域差距，我国居民收入在不同人群、不同行业以及农村内部也都存在着很大的差距。其主要表现在：一是基尼系数持续处于国际警戒线0.4以上，2019年，中国收入前20%群体的平均收入是后20%群体的10倍以上，且无明显缩小态势，基尼系数达0.465。二是我国中等收入群体收入比重相对较低，且收入水平不高，橄榄型收入分配格局尚未形成。2019年，我国中等收入群体的收入占比为38.7%，低于瑞典的51.6%、挪威的50.9%、法国的48.3%、英国的45.7%和德国的44.3%。[1] 三是财富差距比收入差距更加突出。财富基尼系数从2000年的0.599上升到2016年的0.716、2019年的0.697、2020年的0.704，大幅高于收入基尼系数。到2020年，我国财富排名前1%的居民占总财富的比例已达30.6%。这在国际上也相对较高。[2] 人群收入差距缩小的目标是将基尼系数降至国际公认的合理水平，即0.4以下，且中等收入群体占比要达到50%左右。可采取的主要措施如下：一是提高第一次分配中劳动者工资收入的比例。即将目前在50%左右的比例提高到60%左右。二是缩小行业和部门收入差距。行业之间的收入差距从20世纪90年代开始不断扩大，特别是占少数的垄断行业和部门收入水平高企，和占多数的竞争行业和部门之间的工资差距在不断扩大。很多垄断部门包括金融部门的高工资、高福利，很大程度上来

---

[1] 转引自马建堂主编：《奋力迈上共同富裕之路》，中信出版社2022年版，第51、52页。

[2] 转引自马建堂主编：《奋力迈上共同富裕之路》，中信出版社2022年版，第53、54页。

自他们的垄断资源。三是社会保障制度均等化。在养老保险制度、医保制度等社会保障制度方面实现人人平等,改变农民、城市职工、机关事业单位职工养老保障差异巨大的局面。四是改革城乡二元土地制度。城乡二元土地制度是城乡居民财富差别大的根源,是财产收入差距大的原因。实现城乡土地市场一体化,有利于缩小财富差别,同时也有利于缩小由财产收入差别造成的收入差别。五是保护科技创新人才和企业家的合理高收入。"做大蛋糕"是"分好蛋糕"的前提条件,实现共同富裕首先要"做大蛋糕"。在"做大蛋糕"方面,首先要毫不动摇巩固和发展公有制经济,毫不动摇鼓励、支持、引导非公有制经济发展。对于科技创新人才和企业家的合理高收入,整个社会应给予尊重和保护,不能有劫富济贫之心,更不能有劫富济贫之举。

三

循序渐进的共同富裕

鉴于我国目前所处的发展阶段和城乡间、区域间、群体间的巨大差距,我们要认识到实现共同富裕的长期性、艰巨性和复杂性,分阶段扎实推进共同富裕。共同富裕是贯穿整个社会主义历史时期的主题,在不同发展阶段会有不同的标准,要用大历史观来看共同富裕,不能劫富济贫,不能搞平均主义,要避免掉入福利主义陷阱。要坚持在发展中解决问题,解决问题也主要靠发展。

（一）分阶段推进共同富裕

改革开放之初,邓小平高瞻远瞩地描绘了"小康社会"的战略蓝图和"三步走"的发展战略:第一步,从1981年到1990年,国民生产总值翻一番,解决人民温饱问题;第二步,从1991年到20世纪末,国民生产总值再翻一番,人民生活水平达到小康水平;第三步,到21世纪中叶,人均国民生产总值达到中等发达国家水平,人民生活比较富裕,基本实现现代化。此后,中国的改革和发展基本沿着邓小平的设想在逐步实现。

第一阶段：小康社会

1997年9月，党的十五大提出"建设小康社会"的历史新任务。2000年10月，党的十五届五中全会提出，从新世纪开始，我国进入了全面建设小康社会，加快推进社会主义现代化的新的发展阶段。2002年11月，党的十六大指出："要在本世纪头二十年，集中力量，全面建设惠及十几亿人口的更高水平的小康社会，使经济更加发展、民主更加健全、科教更加进步、文化更加繁荣、社会更加和谐、人民生活更加殷实。"2012年11月8日，党的十八大根据我国经济社会发展实际和新的阶段性特征，在党的十六大、十七大确立的全面建设小康社会目标的基础上，提出了到2020年全面建成小康社会的目标。这一阶段的重点是消灭绝对贫困，即"小康不小康，关键在老乡"。通过实施脱贫攻坚战略，2021年2月25日，习近平总书记在全国脱贫攻坚总结表彰大会上庄严宣告中国脱贫攻坚战取得了全面胜利，完成了消除绝对贫困的艰巨任务，全面小康社会如期建成，实现了第一个百年奋斗目标。对于全面小康社会建成之后的安排，党的十九大对实现第二个百年奋斗目标作出分两个阶段推进的战略安排，即到2035年基本实现社会主义现代化，到2050年建成富强民主文明和谐美丽的社会主义现代化强国，基本实现共同富裕。

第二阶段：基本实现现代化

在建成小康社会以后，我国进入了新的发展阶段，这一阶段的主要任务是在2035年基本实现社会主义现代化，即到2035年，我国经济实力、科技实力、综合国力将大幅跃升，经济总量和城乡居民人均收入将再迈上新的大台阶，关键核心技术实现重大突破，进入创新型国家前列；基本实现新型工业化、信息化、城镇化、农业现代化，建成现代化经济体系；基本实现国家治理体系和治理能力现代化，人民平等参与、平等发展权利得到充分保障，基本建成法治国家、法治政府、法治社会；人均国内生产总值达到中等发达国家水平，人均 GDP 在达到 1 万美元的基础上保持一定增长速度，到 2035 年将达到 2 万美元，中等收入群体显著扩大，基本公共服务实现均等化，城乡区域发展差距和居民生活水平差距显著缩小，人民生活更加美好，人的全面发展、全体人民共同富裕取得更为明显的实质性进展。

第三阶段：基本实现共同富裕　　建成富强民主文明和谐美丽的社会主义现代化强国，即到 2050 年，中国将全面建成社会主义现代化强国，实现第二个百年奋斗目标，乡村全面振兴。那时的中国乡村，农业强、农村美、农民富，经济社会全面进步，各项事业繁荣发展。那时的中国，全体人民共同富裕基本实现，人均 GDP 达到高收入发达国家水平。中国人民享有更加幸福安康的生活，中国向着实现人的全面发展和全体人民共同富裕更高目标继续迈进。

（二）发展是推进共同富裕的总钥匙

共同富裕是一个长远目标，需要一个较长期的奋斗过程，不可能一蹴而就，对其长期性、艰巨性、复杂性要有充分估计，要看到我国发展水平离发达国家还有很大差距，不能急于求成，要坚持在发展中解决问题，正确处理增长与分配、发展与保护的关系，既要循序渐进又要量力而行。

第一，在缩小收入差距方面要注意发挥我国后发优势。认真总结国内外在经济发展和共同富裕方面的经验和教训。学习成功经验，积极实施有为政策，避免走其他国家走过的弯路，避免落入中等收入陷阱。

第二，建立城乡均等的社会保障制度。应对低收入居民建立一套基本社会保障制度，保障其基本生活水平和权利，使其避免陷入绝对贫困。在保持社会稳定的基础上，走高质量发展道路，是实现经济增长和繁荣的关键。

第三，要统筹需要和可能。首先是把保障和改善民生建立在经济发展和财力可持续的基础之上，不要好高骛远、吊高胃口、做兑现不了的承诺。其次是循序渐进和量力而行。要有历史的耐心，根据发展条件逐步地一个一个地解决问题，同时也要有智慧，提高解决问题的效率。

第四，缩小城乡居民在生活消费上的差别。使所有消费者在生活消费方面实现共享繁荣和共同富裕。中国已是世界第一消费大国，应从市场、消费者需求和权利出发，生产出高质量、标准化、多样化的消费品。

第五，实施"创新驱动"发展战略。实施"创新驱动"发展战略，强化企业家在创新活动中的主体地位，发挥企业家在技术创新中的主体作用，促进创新要素向企业集聚，为创造共同富裕提供源源不绝的推动力。

我们都知道解决低收入人口多的问题是促进共同富裕的核心问题，但是其中还有一系列问题没有得到清楚的认识和回答。低收入的标准是什么？低收入人口范围有多大？扩大中等收入群体的主要人口来源是不是低收入人口？对于减少低收入人口问题有没有完整的解决思路？本章将对这些问题进行简略而系统的回答。如果我们期待一个理想的橄榄型社会尽快到来，那么就应当采取最宽口径的低收入定义，对人口进行分层分类，针对各细分人群采取针对性的发展战略，为潜在中等收入人群创造良好的经济转型、社会流动的机会，为一般的低收入人群创造包容性增长机制，为相对贫困人群提供适宜劳动与社会保障相结合的生计条件。

第三章

低收入群体的
共同富裕

共同富裕的社会是人人共享发展机会和成果的幸福繁荣社会。每个群体都有自己的发展权利和美好生活追求。根据人口的收入分布来给社会结构绘图，通常大家都认同要将普遍贫困的金字塔型社会转变为以中等收入人群为主的橄榄型社会。缩小社会结构的底部，扩大社会结构的中部，关键任务在于提高低收入人群的收入。一个底线思维是低收入人群至少要实现与其他人群同等的收入增长速度。低收入人群不但不能掉队，还应成为扩大中等收入人群的后备军。中国消除绝对贫困之后的社会形态，已经不再是标准的金字塔型，但是其底部人群依然庞大。我国低收入人群有9亿之多，收入差距大，在农村人口中比例高，人力资本条件薄弱，与共同富裕的水平也存在较大差距。坚持人人参与、人人尽力、人人享有，让低收入人群合理共享经济社会发展成果，满足低收入人群日益增长的美好生活需要，推动更多低收入人群迈入中等收入人群行列，是逐步实现共同富裕的必经之路。

一

低收入人群的规模和分布

中国已经消除了现行标准下的农村绝对贫困，如期全面建成了小康社会。相比于改革开放初期，中国居民的生活状况有了极大改善。但相比于共同富裕的目标和发达国家的水平，现阶段中国人的生活富裕程度仍然不高，仍然是以低收入人群为主体的发展中国家。

我国低收入人口高达9亿

按照收入标准分层，社会人群可划分为三层收入群体，即低收入人群（包括贫困人群）、中等收入人群、高收入人群。低收入是通过比较收入水平得出的一种相对状态，但也具有福利水平偏低的绝对特征。国家统计局把全体居民按人均可支配收入五等份分组后，把处于收入分布底层的20%居民家庭作为低收入户。但这只是统计意义上的低收入户，中国尚未制定国家层面的低收入标准，也没有公布权威的低收入数据。在估算中等收入群体规模时，2019年国家统计局将中国典型家庭（三口之家）年收入在10万至50万元（2018年水平）之间的定义为中等收入家庭，约1.4亿家庭的4亿多人，有购房、购车、旅游休闲能力。而家庭年人均收入不到3.4万元的就是低收入家庭。按此标准推算，低收入人群占全国人口的近65%，相当于9亿人规模。[1] 这是口径比较宽泛的低收入群体界定，而且是对2018年的估算，到2020年或2021年应该已有一定的下降。如果按照统计局的五等份分组方法，最低、中间偏下和中间三个收入组人口都属于低收入人群。如果将14亿国民按家庭收入水平排队，那么排在中间的家庭人口，相当于统计学称为处于居民收入中位数的人口，也是较为明显地处于低收入者的队列中。

近年来，围绕共同富裕议题，国内有不少研究对中等收入群体、低收入群体的规模进行了重新估算。总的来看，各种低收入人群的界定标准相差很大，从而得出的规模也相差很大。如果出于政策制定目的，测算出的低收入人口规模会比较小。如果出于学术目的，算出的低收入人口规模往往比较大。例如，民政部从救助帮扶角度将6000多万人识别为低收入人口，这显然是一个最小口径的、适用于社会救助的低收入人口统计。如果把低收入标准设定为家庭人口收入中位数的30%，2018年中国的低收入人群占比约为14.5%。[2] 如果按家庭人口收入中位数的2/3推算，那么2019年中国低收入人群占比约37%，大约为5.1亿人。[3] 另一项参考国际收入水平的研究将低收入人口规模估计为9亿，与国家统计局给出的统计结果近似，因此我们可以用它来考察低收入人群的规模和分布特征。该研究以2018年世界人口收入分布中位数的67%～200%作为分界线计算中国低收入、中等收入、高收入人口的比重，结果显示2018年中国低收入人口比重超过了2/3（见表3-1）。

低收入人口的城乡和地区分布特征

从城乡分布来看，低收入人口在城乡都有相当规模，但仍以乡村为主，此现象即"低收入问题"。超过55%的低收入人口分布在农村，有7.5%的低收入者是流动人口（农民工），还

---

[1] 李实、岳希明、罗楚亮:《中国低收入人口知多少？》, 2020, http://www.ciidbnu.org/news/202007/20200721202325706.html。

[2] 黄征学、潘彪、滕飞:《建立低收入群体长效增收机制的着力点、路径与建议》,《经济纵横》2021年第2期。

[3] 李实、岳希明、罗楚亮:《中国低收入人口知多少？》, 2020, http://www.ciidbnu.org/news/202007/20200721202325706.html。

表3-1　2018年不同收入组人群的城乡分布和地区分布

		低收入	中等收入	高收入	总计		低收入	中等收入	高收入	全国
		横向比重（%）					纵向比重（%）			
城乡	城市	50.0	45.1	4.9	100	城市	37.4	77.1	81.3	50.4
	农村	93.1	6.6	0.3	100	农村	55.1	9.0	3.3	39.9
	流动人口	52.6	42.5	4.9	100	流动人口	7.5	14.0	15.4	9.7
	全国	67.5	29.5	3.1	100	总计	100	100	100	100
		横向比重（%）					纵向比重（%）			
地区	东部	57.1	37.8	5.1	100	东部	35.2	53.3	70.0	41.6
	中部	75.5	23.1	1.5	100	中部	34.9	24.5	14.9	31.2
	西部	74.2	24.1	1.7	100	西部	29.9	22.2	15.1	27.2
	全国	67.5	29.5	3.1	100	总计	100	100	100	100

数据来源：李实、杨修娜：《中等收入群体与共同富裕》，《经济导刊》2021年第3期。
注：本数据为原作者根据CHIP数据计算，部分分项加总结果不等于100，乃四舍五入的原因。

有约37%低收入人口属于城镇居民。不过，在5亿多农村居民中，低收入人口的比重高达93.1%。城镇人口以及流动人口中的低收入人口比例为50%或略高一点。从城乡分布看，乡村振兴战略将是解决低收入问题的一项重大举措，但并非唯一，因为城镇中低收入人口比例和规模也都相当高。

从地区分布来看，低收入人口几乎均衡地分布在东、中、西部地区，东部地区和中部地区比例分别为35%左右，西部地区比例为30%左右。这看上去不合理，究其原因主要在于东部地区人口规模大而西部地区人口规模小。实际上，从当地人口中低收入人口所占比例看，中部和西部地区几乎是一样的，分别为75.5%和74.2%，东部地区则为57.1%，虽然明显低于中西部地区，但是绝对数值也不低。[1]因此，解决低收入问题从空间布局看需要统筹实施区域均衡发展战略，每个地区都有重要的发展任务并且面临其独特性问题，例如西部地区缓解相对贫困任务更重，而东部地区扩大中等收入群体比例潜力更大。

---

[1] 参见李实、杨修娜：《中等收入群体与共同富裕》，《经济导刊》2021年第3期。

二

低收入人群的
两种类型

我国低收入人群数量庞大，遍布城乡和东中西部地区，显然不仅指一般人认为的生活特别困难的那种低收入人群。低收入人群内部存在很大的收入差别，尤其是相当一部分人的收入已经较为接近中等收入群体收入的下限了，因此有必要对他们进行分层分类。假定各个人群的收入都会按照一定速度增长，一个有意义的问题是：多少人会存在收入增长困难并长期陷于低收入或相对贫困，又有多少人能在一段时间后跨越中等收入门槛？按照9亿低收入人口规模，并基于中国居民收入调查项目2018年的数据和国家统计局居民可支配收入分组数据进行粗略估算，当前低收入人群可以按照未来发展潜力分为两大类：一类是相对贫困人群，约占总人口的23%；另一类是潜在中等收入人群，约占总人口的42%（见表3-2）。相对贫困人群又包括长期相对贫困人群和暂时相对贫困人群，分别约占总人口的12%和11%。在潜在中等收入人群中，根据他们的收入与中等收入标准下限的距离和未来中等收入人口规模扩大的进程，可以划分为在未来5~10年、未来10~20年和未来20~30年实现中等收入跨越的人群，分别约占总人口的12%、14%和16%。

表3-2　低收入人群类型和占总人口比例

按发展潜力的类型	比例	细分类型	比例
相对贫困人群	23%	长期相对贫困人群	12%
		暂时相对贫困人群	11%
潜在中等收入人群	42%	未来20～30年	16%
		未来10～20年	14%
		未来5～10年	12%

资料来源：根据国家统计局五等份分组数据和CHIP2018数据估算。

（一）相对贫困人群

消除绝对贫困后，中国开始进入治理相对贫困的阶段，目前国家的政策用语是提高低收入群的收入。发达国家如OECD国家采用的相对贫困标准为收入中位数的50%或60%。按全国居民收入中位数50%的标准计算，用CHIP2018数据计算得到的中国相对贫困人口的比例为23%。

相对贫困人口分为长期相对贫困人口和暂时相对贫困人口。从国际经验来看，近10年来OECD国家的相对贫困率（以收入中位数的50%衡量）维持在12%左右。[1] 以此作为目标，可以假定理想状况下，至少有12%人口将长期处于相对贫困状态，其中约有3/4属于帮扶保障对象，占总人口的9%。

需要帮扶保障的低收入人群主要包括扶贫对象和社会救助对象。经过8年的精准扶贫和脱贫攻坚战，到2020年底，中国如期完成了现行标准下9899万农村贫困人口全部脱贫任务。随后中国快速建立起防止返贫的动态监测和帮扶机制。2021年全国共识别纳入防止返贫监测对象526万人，主要包括脱

---

[1] 数据来源：OECD统计数据，https://stats.oecd.org/Index.aspx?themetreeid=-200。

贫不稳定户、边缘易致贫户和突发严重困难户（因病、因灾、因意外事故等刚性支出较大或收入大幅缩减导致基本生活出现严重困难）这三类重点人群。[1] 脱贫不稳定户的存在有多种原因，有的是因为家庭经济基础还比较脆弱，或者无法适应外部形势变化；有的是因为脱贫时享受政策过多而自立能力不足。突发严重困难户多是因病、因灾造成。世界卫生组织将灾难性医疗卫生支出定义为医疗自付金额大于或等于家庭支付能力的40%。研究显示，中国家庭灾难性卫生支出的发生率在15%左右，农村老年人灾难性卫生支出的发生率高于城市。[2] 因此，相当一部分脱贫人口以及新识别的防返贫监测对象，将在一定时期内处于相对贫困状态，需要政府和社会的继续扶助。

从社会救助的角度看，低收入人群主要包括城乡最低生活保障对象、特困供养人员、低保边缘人口，以及支出型困难家庭等其他特殊困难群体，通常由无劳动能力或劳动能力弱、收入来源不稳定的老弱病残等人群组成。社会救助是保障基本民生的兜底性、基础性制度安排，中国已建立覆盖6000多万低收入人口的动态监测信息平台，根据困难类型和致困原因分类给予针对性救助帮扶。[3] 截至2021年底，全国城乡低保平均标准分别达到每人每年8537元和6362元，城乡低保对象分别为737.7万人和3474.2万人，城乡特困救助对象分别为32.7万人和437.8万人；享受困难残疾人生活补贴和重度残疾人护理补贴的人数分别为1187.3万人和1499.2万人，为17.2万孤儿提供儿童社会福利，全年实施临时救助1089.3万人次。[4]

长期相对贫困人群中的大约1/4（约占总人口的3%）还没有获得任何临时帮扶或社会救助措施。在收入统计上，这部分群体属于收入最低的20%群体，未来需要通过扩大帮扶和

---

[1] 《巩固拓展脱贫攻坚成果 接续推进乡村全面振兴》，国家乡村振兴局，http://nrra.gov.cn/art/2022/3/2/art_56_194253.html。

[2] 参见郑莉、梁小云：《城乡居民大病保险对灾难性卫生支出的影响》，《中国卫生经济》2021年 第11期；胡侊、闵淑慧、郭芮绮、李贝：《中国城乡老年人灾难性医疗支出差异及其成因分析》，《中国公共卫生》2022年第4期。

[3] 《加快推进社会救助事业高质量发展》，民政部，http://www.mca.gov.cn/article/xw/mzyw/202204/20220400041399.shtml。

[4] 《2021年4季度民政统计数据》，民政部，http://www.mca.gov.cn/article/sj/tjjb/2021/202104qgsj.html。

救助的覆盖面给予相应的支持和保障。

就相对贫困状态的动态变化而言，有接近一半的相对贫困人口属于暂时相对贫困，约占总人口的11%，这部分人口的收入与相对贫困标准（50%收入中位数）的距离在12%以内。在收入保持持续向上增长的情况下，暂时相对贫困人口有望逐步摆脱相对贫困。在收入统计上，目前这部分群体也大都属于收入最低的20%群体。对他们来说，重要的是能够获得就近就地、适合较低人力资本水平的就业机会。

（二）潜在中等收入人群

按照预测，我国当前条件下总人口中大约有42%属于近期的和远期的潜在中等收入人群，他们将在高质量经济发展进程中逐渐地摆脱低收入状态，进入中等收入群体。

潜在中等收入人群将逐步扩充中等收入群体

有相当一部分低收入人口的收入水平与中等收入群体的下限标准相差已经不大，是未来中等收入群体规模扩大的主体，因此被称为潜在中等收入人群。当前中国中等收入人群的比例约为30%，相比发达国家50%~70%的比例而言，仍存在较大的差距。西欧的英德法、北欧的挪威、北美的加拿大等国的中等收入人群比重都在70%左右。美国的中等收入人群比重虽然只有55.9%，但其高收入人群比重达30.5%。亚洲的韩国和日本的中等收入人群比重也都在60%以上。[1] 实现中等收入人群的倍增预期是实现共同富裕的重要目标之一。为此，预计到2035年中国中等收入人群的比例要提高到50%以上，到2050年达到70%。根据国家统计局的数据，目前中国中等收入群体规模大概为4亿多人，到2035年将达到7亿人以上，到2050

---

[1] 参见李实、杨修娜：《中等收入群体与共同富裕》，《经济导刊》2021年第3期。

年达到将近10亿人。

约有12%的低收入人口收入水平与中等收入下限标准的距离在20%以内,有望在未来5~10年率先进入中等收入群体行列,可使中等收入群体的比例上升10个百分点。约有14%的低收入人口收入水平与中等收入下限标准的距离在20%~40%之间,有望在未来10~20年进入中等收入群体行列,使得2035年中国中等收入群体比例超过50%。另有16%的低收入人口收入水平与中等收入下限标准的距离在40%~60%之间,他们的收入高于相对贫困标准(50%收入中位数)的幅度也在50%以内,这一人群既有可能陷入相对贫困,也有可能向上流动,是远期的潜在中等收入群体。在中国经济持续高质量发展的前提下,他们有望在未来20~30年进入中等收入群体,从而使中等收入群体的比例在2050年达到70%左右。

潜在中等收入人群的三个主要来源

我国低收入人口遍布城乡和东中西部地区,同样,潜在中等收入人群也是广泛分布的。但是有一些具备特定条件的人群可能是潜在中等收入人群的主要来源,这些人群的发展路径有所不同,值得特别关注。有分析指出,潜在中等收入人群有三个主要来源,分别是农民工、老年人以及脱贫人口。[1] 不过我们认为,的确有三类典型的潜在中等收入人群,但是第三类应该是青年人而不是脱贫人口,因为后者的平均收入水平还不是很高而且内部差距较大。第一类潜在中等收入群体是收入水平较高但不稳定的农民工。2021年末,中国农民工规模达到2.93亿人,人均月收入为4432元。[2] 从平均收入看,其中相当一部分已达到中等收入的下限标准,但他们就业稳定性弱、社会保障水平低,大部分仍然属于劳动力市场

---

1 参见蔡昉:《实现共同富裕需培育和扩大中等收入群体,建立中国特色福利国家》,2021,http://www.xcf.cn/article/548a7a50175711ec8e250c42a1b68ab6.html。

2 《中华人民共和国2021年国民经济和社会发展统计公报》,国家统计局,2022,http://www.stats.gov.cn/xxgk/sjfb/zxfb2020/202202/t20220228_1827971.html。

中的脆弱群体，还不能成为稳定的中等收入群体。劳动力市场转型和市民化将有力推动农民工进入中等收入群体。第二类潜在中等收入人群是老年群体。"未富先老"的中国，截至2021年，60岁及以上人口达到26736万，占总人口的18.9%，其中，65岁及以上人口为20056万人，占14.2%。[1] 按国际上通行的定义，中国已进入中度老龄化社会，而且老龄化趋势还会继续。[2] 老年人大部分不属于中等收入群体的主要原因在于二元的养老保险体系。我国城镇机关事业单位退休人员的平均退休金已经超过中等收入群体下线标准，部分企业退休人员的退休金也达到了这个标准，但是5亿多城乡居民参加的居民基本养老保险，其2021年平均养老金仅为每月191元。[3] 未来如果能够逐步提高老年居民群体的社会保障待遇水平，以及促进一部分老有所为的老年人适当进入劳动力市场，可以让更多老年人进入中等收入行列。第三类潜在中等收入人群是青年。青年人刚刚步入社会，平均收入水平还不高，但是年龄和人力资本相对有利，将会在稍长的时间后，依靠自己的努力成为扩大中等收入群体的生力军。

---

1 王萍萍：《人口总量保持增长 城镇化水平稳步提升》，国家统计局，2022，http://www.stats.gov.cn/xxgk/jd/sjjd2020/202201/t20220118_1826609.html。

2 根据联合国划分标准，当一个国家或地区60岁以上人口占比达10%或65岁以上人口占比达7%，该国或地区进入老龄化社会（Aging Society），又称轻度老龄化社会；当上述指标分别超过20%或14%，则进入老龄社会（Aged Society），又称中度老龄化社会；当65岁以上人口超过20%，则为超老龄化社会（Hyper-aged Society）。

3 根据《2021年度人力资源和社会保障事业发展统计公报》的数据计算得到。

三

低收入人群共同富裕的条件与挑战

改革开放以来,中国采取了一系列措施来解决低收入人群的生存和发展问题,低收入人群中的绝对贫困已经得到消除,在创造美好生活、实现共同富裕的道路上迈出了坚实的步伐。从改革开放以来低收入群体解决温饱到实现全面小康的实践历程来看,促进低收入人群在奔向共同富裕的道路上稳步前进既有一定的基础条件,也面临相当大的挑战。

(一)有利于低收入群体的基础条件

包容性经济模式为低收入群体共享发展创造了外部条件

一个都不能少地走向共同富裕是鼓励每个人积极创造财富,在不断解放和发展生产力的过程中推进共同富裕,其中的重点和难点是让经济发展成果更多地惠及低收入人群,实现包容性增长和共享发展。

发展是解决中国一切问题的基础与关键。改革开放以来,中国低收入人群的收入水平和生活状况得到了明显提高,7.7亿农村贫困人口摆脱了贫困,这一切都离不开中国经济的高速增长和健康发展。长期、高速的经济增长一方面带动了就业规模的扩大和劳动报酬的增加，提高了低收入群体的收入水平，另一方面增强了国家实力，使政府有更强的能力建立健全低收入群体共享经济社会发展成果的机制。2021年中国人均GDP突破1.2万美元，[1]正在向高收入经济体门槛迈进。从不同时期经济增长速度和贫困人口减少规模来看，中国的经济发展过程与贫困人口的减少过程基本上同步，不同阶段贫困人口减少的数量与经济增长的规模高度一致，经济模式体现出明显的益贫性。[2]

发展理念是发展行动的先导，贯彻共享发展理念，就要着力实现低收入人群更好地分享国家发展改革的成果。共享发展是"共享"与"发展"的辩证统一，既要经济保持快速稳定增长，又要将经济发展成果分配好，实现增长与分配的良性互动。世界银行在2016年发表了以不平等为主题的《贫困与共享繁荣2016：应对不平等》报告，首次将贫困和共享繁荣（shared prosperity）作为统一的倡议提了出来。[3] "共享繁荣"关心的是每个国家底层40%人口的收入或消费的增长情况，一个具体指标是共享繁荣溢价（繁荣溢价即底层40%人口年收入或消费增长率与所在经济体年均增长率之间的差额）。正溢价表明社会底层40%人口的收入占经济体总收入份额正在增加。这一概念与之前的益贫性增长（pro-poor growth）、包容性增长（inclusive growth）等概念一脉相承，但是对宽口径低收入人群指向性更强。《贫困与共享繁荣2018：拼出贫困的拼图》这一报告显示，在2010—2015年期间，中国底层40%人口年均收入增长9.11%，在91国中位列首位，共享繁荣溢价则是1.74%，排名第15位。[4]益贫性和包容性经济增长模式为低收入群体的共享发展创造了良好的外部条件。

---

[1] 参见《2021年关键经济数据出炉，释放哪些重要信号？》，中华人民共和国中央人民政府，2022-01-18，来源：新华社，http://www.gov.cn/xinwen/2022-01/18/content_5669039.htm。

[2] 参见赵人伟、李实、卡尔·李思勤主编：《中国居民收入分配再研究：经济改革和发展中的收入分配》第十二章，中国财政经济出版社1999年版；林伯强：《中国的经济增长、贫困减少与政策选择》，《经济研究》2003年第12期；罗楚亮：《经济增长、收入差距与农村贫困》，《经济研究》2012年第2期；于乐荣、李小云：《中国益贫经济增长的时期特征及减贫机制》，《贵州社会科学》2019年第8期。

[3] World Bank, 2016, *Poverty and Shared Prosperity 2016: Taking on Inequality*, Washington, DC: World Bank.

[4] World Bank, 2018, *Poverty and Shared Prosperity 2018: Piecing Together the Poverty Puzzle*, Washington, DC: World Bank.

消除绝对贫困为低收入人群的后续发展奠定了经济基础

中华人民共和国成立后,党和政府始终把消除贫困、改善民生、实现共同富裕作为发展目的。改革开放以来,在经济体制和发展模式双重转型的过程中,中国经济实现了长时间的高速发展,大部分低收入人口通过主动参与工业化和城镇化进程摆脱了贫困,但收入差距也扩大了。随着经济发展涓滴效应的逐步减弱,根据国民经济社会发展的阶段特征和造成贫困的主要原因,实施专门的农村扶贫开发战略,对于实现共享发展和达到减贫目标是不可或缺的。[1]

从20世纪80年代开始,中国政府在全国范围内开展了有计划有组织的大规模开发式扶贫,先后实施了《国家八七扶贫攻坚计划(1994—2000年)》《中国农村扶贫开发纲要(2001—2010年)》《中国农村扶贫开发纲要(2011—2020年)》等中长期扶贫规划,实施有针对性的社会、经济和扶贫政策。党的十八大以来,以习近平同志为核心的党中央创造性提出精准扶贫方略,发起史无前例的脱贫攻坚战。中国做到扶持对象精准、项目安排精准、资金使用精准、措施到户精准、因村派人精准、脱贫成效精准"六个精准",实施发展生产脱贫一批、易地搬迁脱贫一批、生态补偿脱贫一批、发展教育脱贫一批、社会保障兜底一批"五个一批",走出了一条中国特色减贫道路。近1亿脱贫人口的收入和福利水平大幅提高,不愁吃、不愁穿全面实现,义务教育、基本医疗、住房安全、安全饮水等条件明显改善。

从2012年到2020年,国家和全社会在贫困地区以财政资金、扶贫贷款、社会帮扶、企业投资等形式累计投入超过4.5万亿元。通过精准施策,脱贫地区的基础设施建设和基本公共服务条件获得了极大改善。新改建农村公路110万公里,具备条件的乡镇和建制村全部通硬化路,贫困地区农网供电

---

[1] 参见蔡昉:《穷人的经济学:中国扶贫理念、实践及其全球贡献》,《世界经济与政治》2018年第10期。

可靠率达到99%，大电网覆盖范围内贫困村通动力电比例达到100%，贫困村通光纤和4G比例均超过98%。[1] 脱贫地区的林果、蔬菜、畜禽、加工、手工等特色产业快速发展，累计实施扶贫产业项目超过100万个，每个脱贫县都形成了2~3个特色鲜明、带贫面广的主导产业，产业规模稳步扩大。2021年，脱贫地区特色主导产业产值超过1.5万亿元。[2] 所有这些产业、基础设施建设成果，既满足了全部脱贫的需要，更为全面推进乡村振兴、加快后续发展奠定了必要的经济基础。

建立社会保障体系为低收入人群长期发展提供了制度保障

经济发展是脱贫致富的基础，但仅靠经济发展不可能带来贫困的完全消除。大量研究表明，经济增长大幅度减少了贫困，但收入差距的恶化会阻碍减贫效应的发挥。[3] 现实表明市场自发的涓滴效应是有限的，在快速增长阶段过去之后会逐步减弱，扶贫开发政策带来的减贫效应也存在边际效应递减现象。在社会力量扶贫规模效应不足的背景下，社会保障作为国民收入再分配的重要工具和一项由政府主要担责的反贫困制度安排，其兜底保障作用受到越来越多的重视和强调。

改革开放以来，我国在20世纪90年代首先在城市建立居民最低生活保障制度，成为消除城市绝对贫困的重要制度保障。2007年，农村最低生活保障制度全面建立，标志着我国农村几十年来临时救助方式转向制度化。2013年以来，国家高度重视民生保障，以社会保险、社会救助、社会福利为基础，以基本养老、基本医疗、建立最低生活保障为重点的中国特色社会保障制度体系逐步完善。中国建成了世界上规模最大的社会保障体系，实现了从只覆盖劳动者到全体人民共享，从城乡分割到城乡统一的转变，在兜底脱贫、促进收入再分配、建立最低生活保障以及提升人力资本等方面发挥积极作用。

---

1 习近平：《在全国脱贫攻坚总结表彰大会上的讲话》，《人民日报》2021年2月26日第2版。
2 "国新办举行2021年农业农村经济运行情况新闻发布会"，2022年1月21日，http://www.moa.gov.cn/hd/zbft_news/nyncjjyx/。
3 参见林伯强：《中国的经济增长、贫困减少与政策选择》，《经济研究》2003年第12期；罗楚亮：《经济增长、收入差距与农村贫困》，《经济研究》2012年第2期；陈飞、卢建词：《收入增长与分配结构扭曲的农村减贫效应研究》，《经济研究》2014年第2期。

围绕最低生活保障，政府逐步建立起与市场经济相适应的新型社会救助体系，改革五保供养制度和临时救助制度，完善灾害救助制度，建立医疗救助、住房救助、教育救助、就业救助等专项救助制度，切实保障了低收入群体的基本生活以及发展需求。2021年，全国4680多万困难群众被纳入低保或特困供养，全年实施临时救助1089万人次。[1]

大病保险制度的建立、城乡居民医疗保险制度的整合以及跨省异地就医直接结算的推进，标志着我国全民医保体系已基本建立。基本医疗保险（包括职工基本医疗保险和城乡居民基本医疗保险）的参保人数从2013年的5.7亿增长到2021年的13.6亿，参保覆盖面已达到95%以上。[2]基本医保制度一方面通过减少家庭和个人医疗支出降低贫困风险，另一方面通过改善居民健康状况、增强居民劳动能力来提高收入，这两方面都对低收入人群有特别重要的意义。

城乡居民基本养老保险制度的建立，标志着中国的养老保险实现了从城市到农村，由就业者向全民覆盖的重大发展。基本养老保险（包括职工基本养老保险和城乡居民基本养老保险）的参保人数从2013年的8.2亿增长到2021年的10.3亿，16岁以上人口的比例达到89%。[3]脱贫攻坚期间，国家对建档立卡贫困人口参加城乡居民养老保险提供支持，为贫困人口代缴养老保险费，按规定发放养老金。城乡居民基本养老保险金尽管还很低，但毕竟已经成为居民收入的有机组成部分，对低收入人口尤其重要。

（二）低收入人群共同富裕的主要挑战

我国低收入人群同步实现共同富裕所面临的挑战是巨大

---

[1] 中共民政部党组：《加快推进社会救助事业高质量发展》，http://www.mca.gov.cn/article/xw/mzyw/202204/20220400041399.shtml。
[2] 根据国家统计局公布的相关数据整理计算得到。
[3] 根据国家统计局公布的相关数据整理计算得到。

的，不仅因为这个群体还占全国人口的大多数，是未来几十年国家发展惠及的主体性目标人群，还因为他们与中等收入、富裕人群的绝对和相对差距都很大，内部差距及短板明显。此外，他们还面临着一些制度性障碍，在社会上处于弱势地位。

富裕程度较低，离共同富裕的目标和发达国家水平差距巨大

相比于改革开放初期，中国低收入人群的生活状况有了极大改善，2020年全部实现了小康。就现实状况而言，虽然中国GDP总量稳居世界第二，但是中国居民的整体富裕程度不高，低收入群体的富裕程度仍较低。

以国家统计局按五等份分组的全体居民人均可支配收入来看，2021年低收入组的人均可支配收入为8333元，月均不到700元；中间偏下收入组的人均可支配收入为18445元，月均不到1600元；中间收入组的人均可支配收入为29053元，月均不到2500元。中等收入下限标准可按家庭收入折算为个人收入约每月2800元，即使不考虑价格指数调整，这三个收入组都还与中等收入标准下限有或大或小的距离。

从国际比较来看，虽然中国已进入中等偏上收入国家行列，但中国居民的富裕程度还不高，低收入群体的富裕程度还低于中等偏上收入国家的平均水平。从世界银行公布的数据来看，近年来高收入国家的人均收入或消费水平大概介于每天20美元（罗马尼亚）至83美元（阿拉伯联合酋长国），美国为78.8美元，高收入国家的平均消费水平为每人每天46.5美元；中等偏上收入国家的人均收入或消费水平大概介于每天7美元（格鲁吉亚）至26.8美元（巴拿马），平均为15美元。[1] 2021年中国全体居民人均可支配收入达到35128元，换算为国际可比数据约为每人每天22.8美元，处于中等偏上收入国家行列，接近高收入国家平均水平的一半。[2] 若从五等份分组数据

---

1 根据世界银行公布的各国人均GNI和人均收入或消费水平的相关数据整理得到。由各国数据通过2011年购买力平价指数折算成可比物价水平。
2 根据世界银行公布的私人消费购买力平价换算，因未公布2021年数据，用2020年的4.225进行换算。

来看，2021 年从低到高的五个收入组人均可支配收入换算为国际可比数据分别为每人每天 5.4 美元、12.0 美元、18.8 美元、29.2 美元和 55.7 美元。可见，中国只有中间偏上 20% 和最高 20% 两个收入组的平均收入水平达到了高收入国家的居民平均收入水平，中间 20% 收入组的平均收入接近高收入国家水平，中间偏下 20% 收入组的收入水平还没有达到中等偏上收入国家的平均水平，而最低 20% 收入组的平均收入甚至低于世界银行对于中等偏上收入国家制定的每人每天 5.5 美元的贫困标准。[1] 由于城乡差距的存在，中国农村居民的年人均可支配收入为 18931 元，约每人每天 12.3 美元，[2] 还低于中等偏上国家的平均水平，仅相当于高收入国家平均水平的 1/4。

内部差距明显，难点在于农民农村共同富裕

由于低收入群体规模庞大，其内部收入差距也较为明显。2021 年，最低 20% 收入组的平均收入只有全国平均收入的 23.7%，中间偏下 20% 收入组的平均收入是平均收入的 52.5%，中间 20% 收入组的平均收入为全国平均收入的 82.7%。从 2013 年至 2021 年，全国人均可支配收入均值从 18311 元提高到 35128 元，年均名义增幅 8.5%。由于低收入群体的收入增幅总体上略小于平均收入的增幅，收入差距处于高位徘徊。2013 年以来，全国居民收入基尼系数基本维持在 0.47 左右。从相对收入差距来看，最高 20% 与最低 20% 收入组的收入倍差仍然在 10 倍以上，最高 20% 与中等偏下 20% 收入组的收入倍差接近 5 倍，最高 20% 与中间 20% 收入组的收入倍差也在 3 倍左右。相对差距没有明显缩小的趋势，这也意味着低收入人群的相对收入状况并没有得到有效改善。

低收入人群虽然在城乡都有相当大的规模，但是农村人口绝大部分都是低收入，且农村居民的收入差距更为突出。2021

---

[1] 世界银行 2015 年发布的贫困标准（2011PPP）有三条，分别是每人每天 1.9 美元的极端贫困线、针对中等偏下收入国家的每人每天 3.2 美元和中等偏上收入国家的每人每天 5.5 美元。2022 年世界银行根据 2017 年 PPP 数据将三条贫困线分别上调至 2.15 美元、3.65 美元和 6.85 美元。

[2] 根据世界银行公布的私人消费购买力平价换算，因未公布 2021 年数据，用 2020 年的 4.225 进行换算。

年中国农村从低到高五个收入组的人均可支配收入分别为4856元、1.2万元、1.7万元、2.3万元和4.3万元。按国家统计局的中等收入下限标准（年人均3.4万元，2018年价格），2021年农村仍有超过80%的人群是低收入群体。2021年，农村最低20%收入组的收入均值只有农村平均收入水平的25.7%，相比于2013年甚至下降了4.8个百分点；中等偏下20%收入组的收入均值只有农村平均收入水平的61.2%，相比于2013年也下降了2.1个百分点。2021年农村最高20%与最低20%收入组的收入比为8.9，没有明显的下降趋势。因此，农村居民不仅富裕程度较低，而且内部差距显著，实现共同富裕的过程将更为艰难。

资源资本短板，在经济结构调整中处于不利地位

低收入人群自身的短板因素是他们在收入分配以及收入增长中处于不利地位的主要内在原因。虽然还无法用翔实的数据来准确说明低收入人群自身存在的短板情况，但是利用可得数据做一些分析便可以近似地反映出来。我们在另一项关于低收入人口的研究中，利用CHIP2018年数据，将低收入人口也分成了两类，虽然对应的人口比例有所不同，但类似于本章的相对贫困人口和潜在中等收入人口。对样本的特征分析显示，大部分资源资本类的指标值都随人口收入呈现出递进趋势，低收入与资源资本不足有明显相关性。[1] 由于经济结构调整往往向高级化的方向演变，这尤其对低收入人群不利。需要说明的是，下面的几个指标都是针对农村样本的，反映的是农村人口中低收入人口处境的不利特征。

在人力资本方面，低收入人群教育和健康方面的条件都比较差。家庭劳动年龄人口平均受教育年限，底层40%农户为8.1年，潜在中等收入户为8.8年，而中等收入户达到9.4年。家庭劳动年龄人口文化程度为高中及以上的比例，底层

---

[1] 参见谭清香、檀学文、左茜：《农村低收入群体的困难与支持政策》，魏后凯、杜志雄主编：《中国农村发展报告（2022）》，中国社会科学出版社2022年版，第203—225页。

40% 农户为 24.2%，潜在中等收入户为 29.4%，而中等收入户达到 38.4%。家庭人口健康状况不好或非常不好的比例，底层 40% 农户为 9.9%，潜在中等收入户下降到 6.4%，而中等收入户只有 4.2%。在家庭资源方面，可以选择两个指标来显示农村低收入户处境的不利特征。人均自有耕地面积，底层 40% 农户、潜在中等收入户和中等收入户分别为 0.92 亩、1.2 亩和 1.7 亩。人均农业经营性固定资产按现价估计净值，底层 40% 农户、潜在中等收入户和中等收入户分别为 2023 元、3145 元和 6083 元。

分配地位弱势，还不能均等地享受基本公共服务

我国低收入人群在收入分配中仍然处于弱势地位。在初次分配中，除了无劳动能力者，低收入人口文化水平相对较低，不少人身体状况欠佳或年龄偏大，在劳动力市场上处于弱势地位。从 2022 年的最低工资标准来看，在全国 31 个省（自治区、直辖市）中有 19 个省（自治区、直辖市）的最低工资标准仍然低于 2000 元，最高的上海为 2590 元，最低的安徽仅为 1340 元（第四档）。[1] 从再分配来看，中国的转移支付力度仍然较弱，相比于发达国家，中国社会保障再分配作用并不明显。[2] 受城乡二元结构的影响，社会保障及其福利制度对于农村居民和农民工的福祉改善作用仍然较小。[3] 中国社会救助水平整体较低，2021 年全国城乡最低生活保障标准分别为 8536.8 元和 6362.2 元，分别相当于当年城乡居民人均可支配收入的 18% 和 33.6%，低于发达国家 40%～60% 的相对比例。城乡居民的养老金水平也差异较大，城乡居民基础养老金的最低标准不到 100 元，特别是农村居民领取的养老金收入一般在 200 元左右。中国第三次分配的规模还比较小，谈不上对收入分配的影响，对低收入人群的福利改善作用微弱。

---

1 《全国各地区最低工资标准情况（截至 2022 年 4 月 1 日）》，http://www.mohrss.gov.cn/SYrlzyhshbzb/laodongguanxi_/fwyd/202204/t20220408_442833.html。

2 参见王延中、龙玉其、江翠萍、徐强：《中国社会保障收入再分配效应研究——以社会保险为例》，《经济研究》，2016 年第 2 期；岳希明、种聪：《我国社会保障支出的收入分配和减贫效应研究——基于全面建成小康社会的视角》，《中国经济学人》，2020 年第 4 期；郑功成：《面向 2035 年的中国特色社会保障体系建设——基于目标导向的理论思考与政策建议》，《社会科学文摘》2021 年第 4 期。

3 参见杨穗、赵小漫、高琴：《新时代中国农村社会政策与收入差距》，《中国农村经济》2021 年第 9 期。

基本公共服务的普惠普及是实现共同富裕的重要基础。虽然近年来基本公共服务在农村和中西部地区有了明显提升,但是城乡之间、地区之间公共服务资源配置不均衡、服务水平差异较大等问题依然突出。特别是在教育、医疗卫生、养老等基本公共服务方面,城乡差距仍然较大。2019年农村6岁及以上居民的平均受教育年限为7.9年,与城镇居民仍存在2.3年的差距;[1]从义务教育阶段学生平均教育经费支出来看,2019年小学阶段农村为城市的90%,初中阶段农村为城市的85%。[2]在医疗卫生服务方面,在每万人拥有卫生技术人员数、执业(助理)医师数、注册护士数上,2020年城市居民是农村居民的两倍以上;在每万人医疗机构床位数上,城市居民是农村居民的1.8倍。[3]在社会保障待遇方面,2020年职工基本养老保险人均支出是居民基本养老保险人均支出的19.3倍,职工基本医疗保险人均支出是居民基本医疗保险人均支出的4.7倍。[4]

---

[1] 根据2020年《中国人口和就业统计年鉴》中的相关数据整理计算得到。
[2] 根据2020年《中国教育统计年鉴》和《中国教育经费统计年鉴》中的有关数据整理计算得到。
[3] 根据国家统计局公布的相关数据整理计算得到。
[4] 根据国家统计局公布的相关数据整理计算得到。

四

低收入人群共同富裕的总体思路

解决低收入问题是中国实现共同富裕的关键问题和最大挑战。这不仅是因为全面脱贫之后中国仍然存在人口数量庞大的低收入人群，更表现在他们的现状、条件与新时代共同富裕要求总体上存在明显差距。他们有的条件已经较好，甚至很快将会跨越中等收入门槛；有的则处于相对贫困状态，增收乏力，生活改善困难。为此需要在政策层面对广义口径的低收入人群形成明确认知，并在此基础上构建共同并有区别的低收入人群共同富裕总体思路。每个社会群体在共同富裕道路上都有自己的特定角色定位和政策诉求。如果说高收入人群在共同富裕社会中是实现自我并承担社会责任的重要少数，那么，低收入人群则是需要艰苦奋斗、需要帮助、需要体验转型阵痛、会受到风险冲击，同时也会享受成功喜悦的关键大多数。

（一）构建解决低收入问题的完整政策思路

目前在学术研究中，一些研究得出了国内有 9 亿低收入人口的结论，这个结论也在媒体上广为传播，但并没有形成社会共识。这既是对中国当前仍然处于较低发展水平的提醒，也告诉我们，民政部确定的6000多万低收入人口只是社会救助的对象,而绝大部分低收入人群是要靠自力更生实现美好生活的。9亿人既是分层分类的,又具有同质性,从这个角度看,我国至今还没有形成低收入人群同步共同富裕的完整政策思路。在《中华人民共和国国民经济和社会发展第十四个五年规划和2035年远景目标纲要》中,关于广义低收入人群的发展思路分成了两个部分。一部分是关于低收入人口,对策措施包括建立常态化帮扶制度、提高收入水平、促进就地就近就业、优化社会救助等。另一部分是扩大中等收入群体,以高校和职业院校毕业生、技能型劳动者、农民工等为重点,实施扩大中等收入群体行动计划。在这样的纲领性政策框架中,低收入人群的概念是含糊的,似乎其范围要大于民政部的统计范围,但肯定不到9亿人;另一方面,扩大中等收入群体的对象,也就是潜在中等收入群体并没有被视为低收入群体的一部分。不仅如此,这两类人也没有涵盖完整,他们之间还缺失了一部分既不是"低收入"也不是"潜在中等收入"的人群。如果连对一个群体的认识都是模糊的,那就更谈不上有清晰的解决方案了。因此我们提出,在国家政策层面有必要以低于中等收入的所有人这样的最宽口径来界定低收入人群,进而制定共同富裕框架下的完整低收入问题解决思路,确保每个群体都不被落下。

(二)提低扩中:低收入人群共同富裕总体思路

不掉队是对低收入人群在共同富裕全局工作中的底线要求,恰当的目标是同步共同富裕。当然,这里的"同步"与农民农村共同富裕以及西部地区共同富裕的含义一样,不是同等,而是指收入差距缩小到适当合理的程度,但是要享有基本均等的基本公共服务以及适当的生活保障,甚至在一个较长远的时期(比如到

2050年）实现各地区大部分居民平均生活水平基本趋同以及中低收入群体之间生活水平差距大幅度缩小。这一点，一些发达国家在解决区域不平衡问题时已有成功经验，例如德国。[1]中国目前低收入人群占据社会人口的大多数，内部差别很大，与共同富裕应有水平的距离不等，每种类型根据其特征不同需要相应的发展战略或支持政策。"提低扩中"就是一个涵盖低收入人群共同富裕的总括性思路。具体来说，就是为处于"头部"的低收入人群创造良好的经济转型、社会流动的机会，使他们顺利地跨越中等收入门槛；为处于"腰部"的低收入人群创造包容性增长机制，维持传统产业结构和产业创新之间的平衡，实现充分就业和平稳增收；为处于"尾部"的低收入人群提供社会保障和与他们劳动能力相符的生计，逐渐提高其生活水平。总的来说，整个低收入人群都需要与其人力资本特征、经济条件相匹配的积极性社会保护政策。

巩固拓展脱贫攻坚成果，缓解相对贫困

巩固拓展脱贫攻坚成果，防止发生规模性返贫，对于缓解相对贫困，特别是长期相对贫困至关重要。中国脱贫攻坚取得全面胜利，在一定程度上提升了脱贫对象的自我发展能力、增加了脱贫地区和脱贫人口的发展机会，但是脱贫地区和脱贫人口的发展基础总体上还比较薄弱。由于部分脱贫人口的收入水平比较低或者对政策性补助收入依赖较高、脱贫质量不够稳定以及不可控制因素的影响等原因，少数脱贫人口仍存在返贫风险；部分偏低收入人口也可能因为家庭人口变动或遭受外部冲击等原因而致贫。有效防范和化解规模性返贫风险，完善防止返贫监测行动和困难帮扶机制，是巩固拓展脱贫攻坚成果的核心任务，也是实现全体人民共同富裕的内在要求。要保持帮扶政策总体稳定，扶上马送一程，狠抓责任、政策和工作落实，确保工作不留空当，政策不留空

---

1 参见冯兴元：《欧盟与德国：解决区域不平衡问题的方法和思路》，中国劳动社会保障出版社2002年版，第24页。

白,坚决守住不发生规模性返贫的底线。精准确定监测对象,对于有返贫致贫风险和突发严重困难的农户等重点群体,做好监测和分类帮扶。对脱贫不稳定户、边缘易致贫户、突发严重困难户等开展常态化预警监测,将符合条件的对象及时纳入监测对象。将风险排除在萌芽状态,对发现的住房、义务教育、就业等方面困难和可能因灾因病因疫突发严重困难等苗头问题,及时落实帮扶措施。持续加大易地搬迁集中安置区产业就业、基础设施、公共服务、社区融入等后续扶持力度,把搬迁社区建设为乡村振兴示范区。

全面实施乡村振兴战略,促进农民农村共同富裕

我国农村人口绝大部分都是低收入人口,因此全面实施乡村振兴战略、促进农民农村共同富裕,在整体上也是一个解决低收入问题的战略。早在2005年10月,党的十六届五中全会就提出了"生产发展、生活宽裕、乡风文明、村容整洁、管理民主"的社会主义新农村建设要求。10多年来,中国新农村建设取得了显著成效,农村面貌有了很大改善,原有的要求已难以适应新时代农村发展的需要。在新形势下,2017年10月,党的十九大首次提出实施乡村振兴战略,提出"产业兴旺、生态宜居、乡风文明、治理有效、生活富裕"的总要求。党的二十大对全面推进乡村振兴作出了新的部署。实施乡村振兴战略既是社会主义新农村建设的升级版,更是新时代促进农民农村全面发展的新战略。

要推进新时代的农业现代化,在开发农业多种功能的基础上坚持提质导向;深入推进农业供给侧结构性改革,形成稳定的农村一二三产业深度融合格局。坚持农业现代化和农村现代化一体设计、一并推进,推进乡村建设行动,促进农业高质高效和乡村宜居宜业。要建立健全农民持续稳定增收的长效机制。以促进转移就业、创新生产经营、深化改革和强化政策支撑为重点，优化收入结构。要在推动城乡融合发展中缩小城乡差距。坚持共享发展理念，加快形成工农互促、城乡互补、协调发展、共同繁荣的新型工农城乡关系，促使资金、人才、技术等要素向乡村流动的渠道越来越畅通。既大力实施乡村建设行动，又推进以人为核心的新型城镇化，促进城乡资源、要素、服务的双向流动和市场统一，推动城乡产业发展协同化、城乡要素配置合理化、城乡基本公共服务均等化。

制定共享繁荣发展战略，为底层人口发展提供"根本大法"

解决城乡差距大的问题已有乡村振兴战略，解决地区差距大的问题已有区域均衡发展战略，但是解决人群差距大的发展战略还是缺失的。我们提出制定共享繁荣发展战略，面向的底层人口占全国人口的40%，他们包括相对贫困人口以及在15～20年内都还不容易跨越中等收入门槛的低收入人口。[1] 从全国来看，底层人口大部分分布在农村，小部分分布在城镇。该战略的出发点是底层人群应当有自己的发展权益、市场机遇、人力资本提升途径、针对性的社会保护体系以及促进就业创业的政策工具。共享繁荣发展战略要建立奖勤罚懒的正向激励机制，为欠发达地区低收入人群创造符合其人力资本特征的就业友好型产业和就业机会，为不同层次家庭提供相应的支持保护政策，提高社会救助制度识别和瞄准能力。巩固拓展脱贫攻坚成果的政策周期是5年，它与乡村振兴战略的衔接将扩展到整个乡村人口和经济。而共享繁荣发展战略的周期将和乡村振兴战略一致，关注的是乡村人口中相对困难和弱势的部分，因此对乡村振兴战略有强弱项和固底板的作用。

---

[1] 参见檀学文、谭清香：《面向2035年的中国反贫困战略研究》，《农业经济问题》2021年第12期。

建立低收入人群稳定增收的长效机制，增强收入增长能力

低收入人群的收入增幅要高于平均水平。深入推进以"提低"为重要目标的收入分配体制改革，实施收入倍增计划，建立低收入群体稳定较快增收的长效机制，逐步缩小低收入人群与其他群体的差距，是促进低收入人群共同富裕的关键。通过参与市场经济活动获得收入，是低收入群体实现共同富裕的主要途径。在高质量发展阶段，要持续推动实施就业优先战略和积极就业政策，帮助高校毕业生、技能人才、农民工等重点人群提高劳动参与率，更好地实现充分就业和稳定就业。在推进包容性充分就业战略的基础上，建立和完善低收入人口就业支持和保障制度，为有劳动能力的低收入人口提供就业支持和保障，稳定增加他们的劳动报酬收入。

实施三项低收入人群家庭赋能计划有助于建立稳定增收长效机制。一是人力资本提升计划。一方面要持续加强对农村地区、偏远地区、困难家庭的儿童教育支持，尽可能缩小在校生的学校教育条件的差距；另一方面要创新开展农村劳动力素质和技能培训，努力提高培训参与率和培训效率。二是家庭资产提升计划。坚持开展农业基础设施建设和基本农田改造，深化实施"三变"改革，发展农村普惠金融市场。三是就业支持计划。发展基于社区的养老照料、生产托管等公共服务，解除家庭劳动力就业的后顾之忧。继续在东西劳务协作、创造就地就近就业机会等方面向低收入人口倾斜。通过政策支持鼓励企业等各类市场主体更多地吸纳低收入劳动力就业，通过资金补贴鼓励中间服务机构和劳务经纪人优先向低收入劳动力提供就业服务。

通过创新创业推动"中间"人群跨越中等收入门槛

扩大中等收入群体行动计划的目标人群来自低收入人群中收入水平靠上的部分。在按收入水平分布的人口队列中，未来一二十年内有可能跨越中等收入门槛的人群恰好分布于收入中位数的两侧，也就是社会人口的"中间"人群。这部分人已经基本具备了跨越中等收入门槛的人力资本条件，对他们来说最重要的是有更好的经济机会，他们需要到更好的产业体系和经济部门中去提高劳动生产率，实现更大的劳动价值。因此，如果说未来的高质量发展路径主要在创新发展，那么作为一个庞大多元的经济体系，中国经济创新所带来的产业转型以及促进就业的机会，除了继续对中高收入群体有利，对促进处于社会中间层级的潜在中等收入群体增加收入也将更好发挥作用。因此，国家的创新创业政策除了继续鼓励已有的高新技术产业发展以外，还需要更多地向传统产业部门发力，促进传统产业的技术改造换挡升级，提升产品质量和经济效率，同时使在这些行业从业的劳动者提高劳动生产率和收入水平。要特别鼓励地方各级政府的国有资产管理部门调整国有企业投资管理政策，鼓励投入更多的研发资金和技术设备更新投资。要大力鼓励县域产业创新，加强县域研发基础条件建设，塑造鼓励县域创新的宽松环境，让县域成为产业创新发展的广阔舞台。

建立综合社会保障体系，为低收入人群提供积极社会保护

完善发展型、适应性的综合社会保障体系，强化互助共济功能，提高民生保障抵御风险和冲击的能力。重点加强基础性、普惠性、兜底性民生保障安全网建设，注重低收入群体的主体性作用发挥和能力提升。提高基本公共服务整体水平、质量保障和均等化程度，缩小地区间和居民间公共服务可及性和质量上的差距。加强普惠性人力资本投资，推行从

儿童早期教育延伸到高中的教育支持政策，有效实施健康中国战略，提升全体人民的健康水平和质量。

着力完善"一老一小"的社会保障制度，缓解人口老龄化和少子高龄化的挑战。优化基本养老保险和医疗保险制度，提高养老服务质量，推动医养结合，建立长期护理保险制度，加强社会保障应对老年贫困、因病致贫的能力；健全儿童福利体系，建立基本儿童服务制度，促进教育福利事业发展。切实解决灵活就业者的社会保障问题，稳健应对数字化和自动化背景下就业形式多样化的冲击。在持续推进社会保险应保尽保、社会救助应救尽救、社会福利应享尽享的进程中，着力扩大工伤保险和失业保险覆盖范围，纳入所有劳动者，特别是数量庞大的农民工群体，及时为新业态催生的各类灵活就业者提供必要的社会保障。

在提高社会保障覆盖范围和保障水平的过程中，要着力缩小社会保障城乡差距、地区差距和人群差距，努力提升社会保障公平和普及程度。加快实现职工养老保险的全国统筹，缩小企业与机关事业单位退休人员之间的养老待遇差距，提高城乡居民基本养老金水平。优化医保筹资机制，提高统筹层次以适应人口的高流动性与人户分离现象常态化，合理分配城乡医疗卫生资源，提高农村医疗服务水平。优化基本生活救助、专项救助和临时救助等各项社会救助制度，积极发展服务型社会救助，使民生保障安全网更加密实牢靠。综合性社会保障体系的功能超越了抵抗风险、困难救助的狭窄区间，其对低收入人群的覆盖更有利于提升他们的经济活动参与能力，从而可以使社会保护体系发挥更加积极的作用。

农民农村在共同富裕格局中处于什么地位？应当如何促进农民农村共同富裕？如今，城乡差距依然巨大，乡村人口的大多数都属于低收入人群，乡村是共同富裕的"洼地"，这就是实现共同富裕的基本国情。一边是快速的经济增长，一边是城乡差距的持续扩大，这种状况在进入新世纪后达到最严重程度，同时也开启了重构城乡关系的新阶段。"多予少取"、社会主义新农村建设、城乡统筹发展、脱贫攻坚与决胜小康、实施乡村振兴战略等一系列举措有力地扭转了城乡差距扩大趋势。虽然乡村人口持续减少，但是乡村不能被遗弃，应当成为生活和生态的"高地"。全面推进乡村振兴和实施新型城镇化战略是双轮驱动的共同富裕的两条路径。

第四章

农民农村的
共同富裕

中华人民共和国成立后不久，中国政府在借鉴苏联经验的基础上实施重工业优先发展战略，并实施了城乡分割的二元户籍制度，这在制度层面导致了乡村发展迟滞，某种程度上可称为"凋敝"。改革开放以后，虽然城乡分割的二元体制逐步被打破，但"农业支持工业、农村支持城市"的基本格局长期未能改变。从党的十六大开始，为顺利实现全面建设小康社会的奋斗目标，城乡发展不平衡问题开始受到党和政府的高度重视，中国开始摒弃城乡二元分割的发展战略，将城乡关系重构为"以工促农、以城带乡"，但城乡发展差距依然较大。在全面建成小康社会之后，中国迈入社会主义现代化建设新阶段，促进全体人民共同富裕成为新的发展目标。从当前中国发展所面临的突出矛盾来看，扎实推进共同富裕，必须垫高乡村"洼地"。目前，全国低收入人口的近60%分布在乡村，乡村人口超过90%都属于低收入人口，还有大量低收入人口处于流动状态。应重新发现乡村价值、树立城乡发展共同体意识，以提升农业产业链和价值链，构建"以城带乡"的一体化制度，完善适度偏向农村的政策体系作为全面实施乡村振兴战略的重点内容，以县域为基本单元统筹城乡融合发展与新型城镇化建设，作为促进农民农村共同富裕的两条主攻路径。

一

乡村是共同富裕的"洼地"

中华人民共和国成立以来,城乡发展不平衡现象一直较为突出,乡村始终是经济社会发展的"洼地",表现为城乡二元经济分割严重,各区域内乡村之间发展差距也十分显著,低收入人口集中。所以乡村是实现共同富裕战略目标不可不补的"短板"。

(一)城乡发展不平衡突出

中国城乡发展不平衡突出表现在城乡之间居民收入差距较大、基本公共服务差异较大以及农村基础设施落后等方面。

城乡居民收入差距较大　　从中华人民共和国成立至1978年改革开放前夕,城乡居民收入比由2.26扩大至2.57。在改革开放初期,由于农村地区率先推行家庭联产承包责任制等改革,农村地区经济发展快于城市,此时城乡居民收入比由1978年的2.57下降至1983年的1.82,1983年是中华人民共和国成立以来城乡居民收入差距最小的一年。此后,随着改革开放的重心由农村转

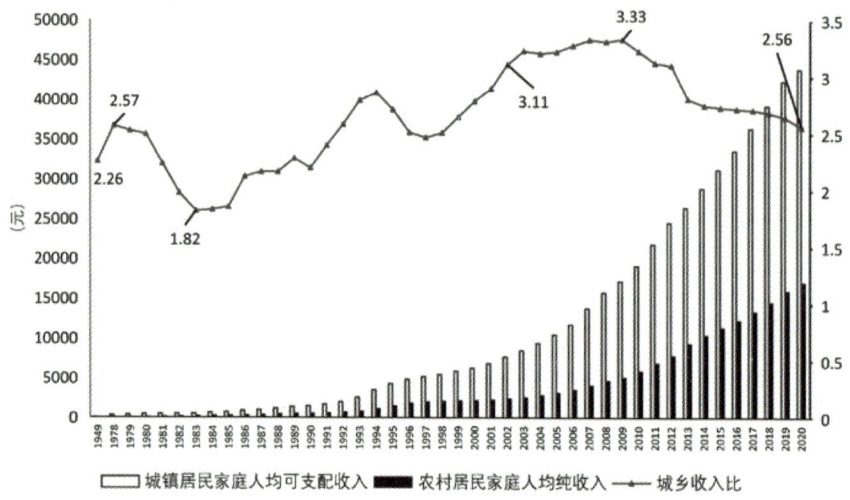

图4-1　1949—2020年中国城乡居民收入变动情况

数据来源：国家统计局数据库（http://data.stats.gov.cn）。

向城市，在"城市偏向"政策、市场机制、规模经济效应等因素的共同作用下，城乡居民收入比由1983年的1.82增加至2009年的3.33，严重超过国际警戒线。[1] 城乡发展差距较大引起了中国政府越来越高的关注，逐步加强对农村地区的支持力度，尤其是为了完成脱贫攻坚和全面建成小康社会的历史使命，扶持农村地区发展力度空前加大。至2020年，城乡居民收入比由最高的3.33迅速降至2.56，但这样的城乡收入差距依然处于较高的水平（见图4-1）。

城乡基本公共服务差别大

中国政府逐年加大了建设农村地区基本公共服务体系的投入力度，在教育、医疗、养老以及社会保障等方面基本实现城乡全部覆盖，但从质量来看，城乡差距依然较大。以教育为例，农村地区中小学在校舍等基础硬件方面已经与城市中小学基本无异，但由于农村地区很难吸引到优秀的教师，造成

---

[1] 参见李爱民：《我国城乡融合发展的进程、问题与路径》，《宏观经济管理》2019年第2期。

城乡教育质量差距较大，使得不少农村家长都将子女送到城市上学，这是农村生源不断减少的重要原因。再以城乡医疗卫生保障情况为例：2010—2016年，城镇职工基本医保人均支出由488.5元增加至1045元，而同期新型农村合作医疗人均支出仅由177元增加至231.2元，两者之比由2.76倍扩大至4.52倍；在医疗卫生机构床位数量方面，2010年城市每千人为5.94张、农村为2.6张，至2017年城市增加至每千人8.75张、农村为每千人4.19张，城乡差距始终维持在两倍左右；在卫生费用支出方面，2010—2014年农村卫生费用人均支出增速虽显著高于城市地区，但由于基数较小，农村地区卫生费用人均支出始终不到城市的40%（见表4-1）。

表4-1 中国城乡医疗卫生基本情况比较

年份	医疗保险支出（元/人均）		医疗卫生机构床位数（张/每千人）		卫生费用（元/人均）	
	城镇职工基本医保	新型农村合作医疗	城市	农村	城市	农村
2010	488.5	177.0	5.94	2.6	2315.5	666.3
2011	—	—	—	—	2688.5	879.4
2012	—	—	6.88	3.11	2989.6	1064.8
2013	797.4	462.1	7.36	3.35	3234.1	1274.4
2014	893.9	467.2	7.84	3.54	3547.4	1412.2
2015	976.6	486.1	8.27	3.71	—	—
2016	1045.0	231.2	8.41	3.91	—	—
2017	—	130.8	8.75	4.19		

数据来源：2018年《中国卫生健康统计年鉴》。

注：（1）人均医疗保险支出和卫生费用按照城乡常住人口进行计算；（2）"—"为数据缺失。

农村基础设施建设落后

从 2017 年中国各级行政区市政公用设施基本情况中我们可以发现：除在人均道路面积方面村庄高于其他行政区域，在用水和燃气普及率、污水和生活垃圾处理率、人均市政公用设施建设投入额等方面，城市均显著高于农村地区（见表4-2）；除此之外，我们还可以发现，在市政公用设施建设方面，城市优于县城、县城优于建制镇、建制镇优于乡、乡优于村庄，存在明显的城市偏向和行政等级偏向。[1]

表4-2 2017年中国各级行政区市政公用设施基本建设情况

区域	用水普及率	燃气普及率	人均道路面积	污水处理率	生活垃圾处理率	人均市政公用设施建设投入
城市	98.3%	96.3%	16.1m^2	94.54%	99.00%	4808.88元
县城	92.9%	81.4%	17.2m^2	90.21%	96.11%	2593.42元
建制镇	88.1%	52.1%	13.8m^2	49.35%	87.19%	1113.48元
乡	78.8%	25.0%	15.7m^2	17.19%	72.99%	732.52元
村庄	75.5%	27.0%	28.9m^2	20%	—	374.64元

数据来源：2016 年和 2017 年《中国城乡建设统计年鉴》。
注：（1）"用水普及率"栏中的数据，建制镇、乡、村庄采用"供水普及率"；（2）村庄"污水处理率"为 2016 年数据，2017 年《中国城乡建设统计年鉴》未进行统计；（3）"人均市政公用设施建设投入"栏中的数据，城市和县城采用"市政公用设施建设固定资产投资"数据；（4）人均和普及率指标采用的人口数据分别按城区人口、县城人口、建制镇和乡建成区户籍人口、村庄户籍人口加上暂住人口计算；（5）"-"为数据缺失。

（二）区域间乡村发展差距显著

除城乡之间发展严重不平衡，中国各区域乡村之间发展差异也十分显著。根据图 4-2，尽管从时间趋势看，各省级行政区域的农村之间发展差异呈下降趋势，但从绝对值来看，各省级行政区域的农村之间发展差异依然较大。以省级行政

---

1 参见王颂吉：《中国城乡双重二元结构研究》，人民出版社 2016 年版，第 50—74 页。

区域的农村居民人均可支配收入最高水平和最低水平之比为例：1996年最高的上海为4846元，最低的甘肃仅1101元，两者之比为4.401；至2020年，最高和最低的依然为上海和甘肃，分别达到34911元和10344元，尽管甘肃农村居民可支配收入增速快于上海，但由于基数低，两者之比仍高达3.375，显著高于全国层面的城乡居民收入比。

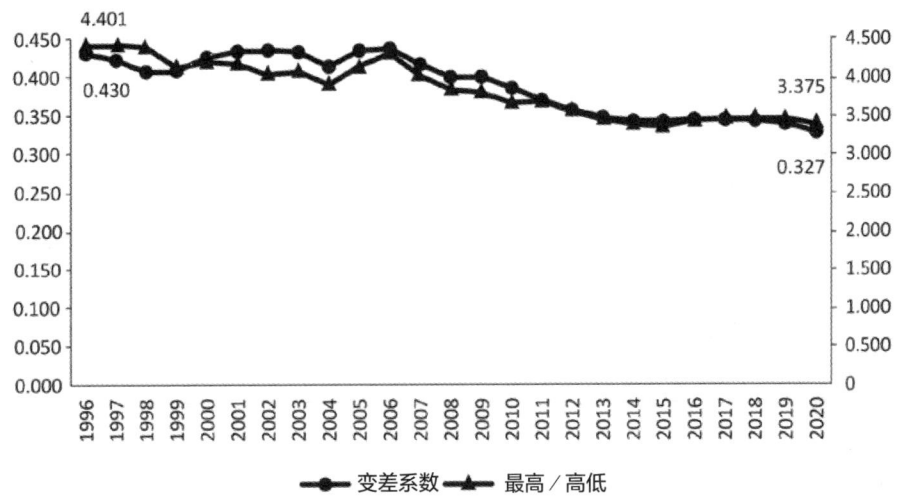

图4-2 中国省级行政区农村间收入差异（1996—2020）

数据来源：国家统计局数据库（http://data.stats.gov.cn）。
注：（1）以各省级行政区域农村居民人均可支配收入进行计算；（2）变差系数（亦称变异系数）=标准差/均值。

从四大区域农村居民收入差异来看，1996—2020年，东北与沿海地区之间差异呈扩大趋势，同期中西部与沿海地区之间农村发展差异呈缩小趋势，反映出东北地区发展陷入整体困境；但从绝对值来看，尽管同期东北与沿海地区农村居民人均可支配收入比由0.731下降至0.692，但东北地区农村居民可支配收入绝对数量仍显著高于中西部地区，表明东北地区农村发展基础仍然较好（见图4-3）。

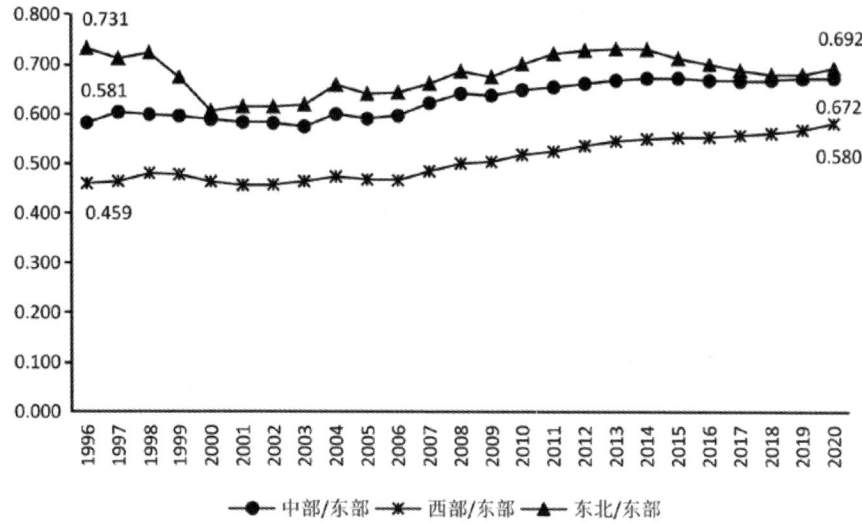

图4-3 中国各区域农村之间收入差异（1996—2020）

数据来源：国家统计局数据库（http://data.stats.gov.cn）。

注：（1）东部地区标准化为1；（2）各区域数据以各省级行政区域农村居民人均可支配收入进行简单平均。

二

乡村落后的历史轨迹

中华人民共和国成立后,为巩固新政权、迅速打造工业化强国,中国政府在借鉴苏联经验的基础上实施重工业优先发展战略,并于1958年实施了城乡分割的二元户籍制度,形成了乡村落后的制度基础。自那时起直至21世纪初,我国的工农城乡关系基本上是以农业支持或哺育工业,以农村支持城市。[1]

(一)中华人民共和国成立至改革开放前夕:城乡二元关系形成

为优先发展重工业,弥补中华人民共和国成立初期资本积累的不足,中国政府一方面集中农村农业剩余来支持城市工业发展,另一方面又制定了以户籍为核心的制度体系来予以保障,由此形成了城乡分割的二元制度,乡村落后于城市的发展格局得到固化和强化,长期难以改变。

一方面,优先发展重工业战略,促成"农业支持工业、农村支持城市"的城乡关系。从1953年开始,实施国民经济第一个五年计划(1953—1957),确立了"集中主要力量发展重

---

[1] 参见韩俊:《工业反哺农业 城市支持农村》,《中国城市经济》2006年第5期;何秀荣:《建立健全城乡融合发展体制机制的几点思考》,《区域经济评论》2018年第3期。

工业"的指导方针。由于发展重工业所需资金量大、建设周期长、见效慢，并且其产品不能直接满足人民日常生活的消费需求，再加上中国工业基础薄弱、国民经济三年恢复时期资金积累有限的客观现实，要求全国人民通过节衣缩食、艰苦奋斗的方式来建设重工业。为加强农村农业支援城市重工业的建设，此时中国政府通过实施"统购统销""发展农业合作社""开展人民公社化运动"等政策来加强政府对农民的管理、农业剩余的控制和农村生产要素的配置。为支持工业、支援城市，据估计，在改革开放的前20多年时间里，国家用工农产品价格"剪刀差"从农业部门中获取了大约6000亿~8000亿元的经济剩余。[1]

另一方面，建立户籍制度，形成城乡二元分割体制。重工业具有资本投入大、所需劳动力少等特点。因此，我国在实施城市优先发展重工业战略时，既要保障农村有足够劳动力参与农业生产以支持工业发展，又要避免过多农村人口流入城市成为"流民"而给城市带来各种负担。1958年1月9日，全国人大常委会第91次会议通过了《中华人民共和国户口登记条例》，将城乡居民户口区分为"农业"和"非农业"两类，并确立了户口迁移审批制度和凭证落户制度，首次以法律法规的形式限制城乡人口自由迁移，中国户籍管理制度正式确立。户籍管理制度不仅将农民与农村、农业、土地牢牢地捆绑在一起，也逐步与居民的养老、医疗、教育、就业等基本权益挂钩，最后形成了城乡分割的二元体制。这一体制严重阻碍了这一时期中国的城市化进程，1949—1978年，中国工农业产值比由3∶7变为7.5∶2.5，而同期农业人口占总人口比重却由82.6%增加至84.2%。[2]与其他国家工业化与城市化同步发展的规律不同，二元体制造成中国"工业化超前、城市化滞后"的奇特现象。1978年，我国农民人均纯收入仅133.6元，[3]按现

---

[1] 参见韩俊：《中国城乡关系演变60年：回顾与展望》，《改革》2009年第11期。

[2] 参见刘应杰：《中国城乡关系演变的历史分析》，《当代中国史研究》1996年第2期。

[3] 参见中华人民共和国农业部编：《新中国农业60年统计资料》，中国农业出版社2009年版。

行农村贫困标准,农村人口贫困发生率高达 97.5%。即使按照当时的贫困标准,改革开放之初我国没有实现生活温饱的贫困人口也高达 2.5 亿人。

(二)改革开放至党的十六大前夕:城乡二元关系破冰

从 1978 年改革开放至党的十六大前夕,中国政府工作开始以经济建设为中心。这一时期以经济体制改革为核心,在农村经济改革率先取得突破后,进而推动城市经济体制改革。此轮改革以市场化为主要方向,城乡关系也开始通过市场机制进行调节,城乡分割二元体制逐步被打破,但这期间市场化经济改革方向仍以城市为经济发展重心。

一方面,农村经济体制改革为突破城乡二元体制奠定了基础。改革发轫于农村,标志是以"包产到户、包干到户"为主要形式的家庭联产承包责任制的确立。1980 年 9 月 27 日,中国政府发布《关于进一步加强和完善农业生产责任制的几个问题》,首次肯定了"包产到户"的做法。1982 年 1 月 1 日,中国政府发布《全国农村工作会议纪要》,明确指出"目前实行的各种责任制,包括小段包工定额计酬,专业承包联产计酬,联产到劳,包产到户、到组,包干到户、到组,等等,都是社会主义集体经济的生产责任制",正式为"包产到户、包干到户"正名。这是中国首个"中央一号文件"。党的十二大以后,随着农村经济体制改革进一步深入,城乡经济交往开始扩大。1985 年 1 月 1 日,中国政府发布《关于进一步活跃农村经济的十项政策》,推动农产品统购派购制度改革的同时,还提出要"进一步扩大城乡经济交往","允许农民进城开店设坊,兴办服务业,提供各种劳务",同时促进城市技术、人才向农村地区进行转移和流动,鼓励"城市的各类科学技术人员经所在单位同意,可以停薪留职,应聘到农村工作"。

另一方面,市场化方向改革未改变"农业支持工业、农村支持城市"的城乡关系。1993年11月14日,党的十四届三中全会通过《中共中央关于建立社会主义市场经济体制若干问题的决定》,提出"建立全国统一开放的市场体系,实现城乡市场紧密结合","打破地区封锁、城乡分割的状况",并"逐步改革小城镇的户籍管理制度,允许农民进入小城镇务工经商",城乡二元壁垒逐步被突破。但从实际情况看,"农业支持工业、农村支持城市"的基本形势并未发生改变,只是支持的形式有所不同。改革开放前,农业农村支持城市工业是以提供廉价农产品来实现的。而改革开放以后,农村地区主要通过投资乡镇企业、提供农村廉价劳动力和土地等资源来支持工业和城市发展。[1] 随着改革的重心开始偏向城市,各类要素资源在政府及市场的双重作用下开始向城市聚集。2000年,我国开始进行农村税费改革试点,其主要目的是减轻农民负担,扭转对农民不利的分配关系。但是在改革的初期,虽然农民负担有所减轻,但是由于基层财政收入下降而国家的社会保障体系尚未建立,农民的基本公共福利反而小于税费改革前,[2] 以户籍制度为核心的城乡居民基本福利分配制度仍未实现明显突破。

不过,到2000年,中国的国民经济和居民收入增长已经取得长足进步,我国整体上进入小康社会,[3] 农村居民人均纯收入达到2253.4元,按当时的贫困标准,农村贫困人口下降到3209万。但是,随着农民增收乏力,城乡居民收入比攀升至2.79;按照现行贫困标准,农村人口贫困发生率仍高达50%,离全面建成小康社会还有相当长的距离。

---

[1] 参见武力:《论改革开放以来中国城乡关系的两次转变》,《教学与研究》2008年第10期。

[2] 参见朱钢:《农村税费改革与乡镇财政缺口》,《中国农村观察》2002年第2期。

[3] 参见李君如:《2000年:我国进入小康社会》,《毛泽东邓小平理论研究》2000年第1期。

三

新世纪城乡关系的重构

从党的十六大开始,为实现全面建设小康社会的奋斗目标,推动解决城乡发展不平衡问题受到党和政府的高度重视。为补齐农村发展严重滞后这个短板,中国政府开始摒弃城乡二元分割的发展理念,将"农业支持工业、农村支持城市"的城乡关系重构为"以工促农、以城带乡"。

(一)党的十六大至十八大前夕:城乡统筹发展

为解决城乡发展失衡问题,党的十六大提出"统筹城乡经济社会发展,建设现代农业,发展农村经济,增加农民收入,是全面建设小康社会的重大任务"。2003年10月,党的十六届三中全会提出"五个统筹"的任务,并将"统筹城乡发展"列为首位。2004年9月,党的十六届四中全会提出"两个趋向"论断,即"在工业化初始阶段,农业支持工业、为工业提供积累是带有普遍性的趋向;但在工业化达到相当程度以后,工业反哺农业、城市支持农村,实现工业与农业、城市与农村协调发展,也是带有普遍性的趋向",[1] 开始摒弃城乡二元分割的发展理念,为实行"以工促农、以城带乡"的城乡统筹发展战略定了基调。这一时期,党和政府着重推进以下三个方面的工作。

推进社会主义新农村建设

2005年10月11日,党的十六届五中全会通过《中共中央关于制定国民经济和社会发展第十一个五年规划的建议》,明确提出"按照生产发展、生活宽裕、乡风文明、村容整洁、管理民主的要求","扎实稳步推进新农村建设"。2005年12月31日,中共中央、国务院发布《关于推进社会主义新农村建设的若干意见》,要求"始终把'三农'工作放在重中之重,切实把建设社会主义新农村的各项任务落到实处,加快农村全面小康和现代化建设步伐"。2006年12月31日,中共中央、国务院进一步联合发布《关于积极发展现代农业扎实推进社会主义新农村建设的若干意见》,明确"发展现代农业是社会主义新农村建设的首要任务"。为加快推进社会主义新农村建设和发展现代农业,2004—2012年中央连续9年下发关于"三农"问题的"一号文件",对统筹城乡发展、增加农民收入、发展现代农业、建设新农村等方方面面进行了有效部署。

建立"以工促农、以城带乡"的长效机制

为改善城乡关系,这一时期党和政府始终以"多予少取放活"为主要方针,并重点从"多予"上向农村进行政策倾斜。2005年12月29日,第十届全国人大常委会第十九次会议决定自2006年1月1日起取消农业税,这一政策在提高农民收入的同时,也为破除城乡二元结构、精简基层政府机构等创造了条件。[2] 在"少取"的同时,"多予"力度大幅增加。2002

---

[1] 参见胡锦涛:《胡锦涛文选》第二卷,人民出版社2016年版,第247页。

[2] 参见李周:《中国农村发展的成就与挑战》,《中国农村经济》2013年第8期。

年至 2012 年期间，以"种粮直补、良种补贴、农机具购置补贴和农资综合直补"四项补贴为主的农业生产补贴的资金规模从 1 亿元增加至 1653 亿元，10 年累计补贴 7631 亿元。[1] 同时，中国政府还将基础设施投入的重点转向农村，并通过提高耕地占用税税率、加强土地出让金用途管制、整合支农资金等方式加强农村地区小型农田水利设施、标准农田等建设。此外，政府还实行城乡劳动者平等就业制度、推动城乡要素市场一体化、统筹城乡规划建设等，用多种举措推动城乡平衡发展。

建立覆盖城乡的基本公共服务保障体系

一方面，率先建立覆盖城乡居民的基本医疗卫生制度。2003 年 1 月 16 日，国务院转发卫生部等三部门《关于建立新型农村合作医疗制度的意见》，要求从 2003 年起开始在部分县（市）"先行试点"，并提出"到 2010 年，实现在全国建立基本覆盖农村居民的新型农村合作医疗制度的目标"。2009 年 3 月 17 日，中共中央、国务院发布《关于深化医药卫生体制改革的意见》，明确提出"到 2011 年，基本医疗保障制度全面覆盖城乡居民"。此后，中国启动新一轮医改，加快实现全国医保能保尽保。另一方面，建立并扩大覆盖城乡居民的社会保障体系。2006 年，党的十六届六中全会将"覆盖城乡居民的社会保障体系基本建立"作为 2020 年构建社会主义和谐社会的目标及主要任务。2007 年，开始建立农村最低生活保障制度。2009 年，城镇职工基本养老保险体系将农民工纳入，同时开展新型农村社会养老保险试点。除此之外，从 2006 年开始，农村义务教育逐步纳入国家公共财政保障范围，农村基本实现了基本公共服务体系全覆盖。

总体来看，这一时期中国政府开始摒弃城乡二元分割的发展理念，城乡关系实现了由"农业支持工业、农村支持

---

[1]《我国农业补贴政策实现了历史性跨越》，农业部新闻办公室，2012 年 9 月 6 日，http://www.moa.gov.cn/ztzl/nyfzhjsn/nyhy/201209/t20120906_2922987.htm。

城市"向"工业反哺农业、城市支持农村"的转变,国家对"三农"投入力度加大、农村基本公共服务体系得到建立和完善。但在基本公共服务领域,城乡基本公共服务水平差距依然较大。[1] 城乡居民收入差距继续攀升,在2002年至2013年保持了城乡居民收入比超过3.0的高水平,其中2007年达到历史极值3.33。

(二)新时代决胜全面建成小康社会和城乡融合发展

2012年党的十八大胜利召开,中国进入了全面建成小康社会决定性阶段。为顺利实现第一个百年奋斗目标,即在中国共产党成立一百年时全面建成小康社会,补齐农村发展不充分这个短板,促进城乡平衡发展,这一时期党和政府的工作重点转向促进城乡融合发展、开展脱贫攻坚行动和实施乡村振兴战略三大任务。

促进城乡融合发展

2013年11月12日,党的十八届三中全会通过的《中共中央关于全面深化改革若干重大问题的决定》明确指出"城乡二元结构是制约城乡发展一体化的主要障碍",必须"健全城乡发展一体化体制机制"。为加快破除城乡二元结构,这一时期党和政府着重利用"融合发展"的手段。2017年,党的十九大提出"建立健全城乡融合发展的体制机制和政策体系",首次从中央政府层面提出"城乡融合发展"。2019年4月15日,中共中央、国务院联合发布《关于建立健全城乡融合发展体制机制和政策体系的意见》,提出城乡融合发展的三阶段目标,即"到2022年,城乡融合发展体制机制初步建立;到2035年,城乡融合发展体制机制更加完善;到本世纪中叶,城乡融合发展体制机制成熟定型",并通过重

---

[1] 参见林万龙:《中国农村公共服务供求的结构性失衡:表现及成因》,《管理世界》2007年第9期。

点推进城乡要素合理配置、城乡基本公共服务普惠共享、城乡基础设施一体化发展、乡村经济多元化发展以及农民收入持续增长的体制机制等五大任务来加快破除城乡融合发展的体制机制障碍。

开展脱贫攻坚行动

进入中国特色社会主义新时代以来，以习近平同志为核心的党中央将贫困人口全面脱贫作为全面建成小康社会的底线任务，并在全国范围内打响脱贫攻坚战。[1] 为实现"到2020年确保中国现行标准[2]下农村贫困人口全部脱贫，贫困县全部摘帽"的扶贫工作总体目标，党和政府调整开发式扶贫模式，将精准扶贫、精准脱贫作为基本方略。[3] 2014年2月13日，中央办公厅、国务院办公厅联合印发《关于创新机制扎实推进农村扶贫开发工作的意见》，明确提出"建立精准扶贫工作机制"。2015年11月29日，中共中央、国务院发布《关于打赢脱贫攻坚战的决定》，明确要"实现到2020年让7000多万农村贫困人口摆脱贫困的既定目标"。2017年，党的十九大将"精准脱贫"作为全面建成小康社会要坚决打好的三大攻坚战[4]之一。2021年2月25日，习近平在全国脱贫攻坚总结表彰大会上庄严宣告"在迎来中国共产党成立一百周年的重要时刻，我国脱贫攻坚战取得了全面胜利，现行标准下9899万农村贫困人口全部脱贫，832个贫困县全部摘帽，12.8万个贫困村全部出列，区域性整体贫困得到解决，完成了消除绝对贫困的艰巨任务"[5]。

实施乡村振兴战略

为实现城乡发展平衡，加快农村地区发展，党的十九大正式提出实施乡村振兴战略。2018年1月，中共中央、国务院发布《关于实施乡村振兴战略的意见》，提出乡村振兴三

---

[1] 参见年猛、王垚：《力补全面建成小康社会短板》，《中国社会科学报》2017年8月4日第5版。
[2] 目前中国实施的贫困标准是以2010年不变价核算的人均每年2300元。
[3] 参见汪三贵、曾小溪：《从区域扶贫开发到精准扶贫——改革开放40年中国扶贫政策的演进及脱贫攻坚的难点和对策》，《农业经济问题》2018年第8期。
[4] 三大攻坚战，即防范化解重大风险、精准脱贫和污染防治。
[5] 习近平：《在全国脱贫攻坚总结表彰大会上的讲话》，《人民日报》2021年2月26日第2版。

阶段目标任务，即"到2020年，乡村振兴取得重要进展，制度框架和政策体系基本形成；到2035年，乡村振兴取得决定性进展，农业农村现代化基本实现；到2050年，乡村全面振兴，农业强、农村美、农民富全面实现"。2018年9月，中共中央、国务院印发中国的第一个推进全国乡村振兴战略的五年规划——《乡村振兴战略规划（2018—2022年）》，以"指导各地区各部门分类有序推进乡村振兴"。2018年7月，全国人大常委会开始牵头启动《中国乡村振兴促进法》相关立法程序，首次通过立法形式保障乡村振兴战略的实施。2019年9月，中共中央印发《中国共产党农村工作条例》，明确"把解决好'三农'问题作为全党工作重中之重"，强调并落实中国共产党各级党委开展农村工作的职责和任务，以保障乡村振兴战略的顺利实施和农业农村现代化的加快推进。

总体来看，这一时期在党和政府对农村发展的大力支持下，城乡关系得到极大的改善。主要表现在：农村居民收入增速连续多年高于城市，城乡居民收入比由2012年的3.1降至2020年的2.56，农村贫困人口实现全部脱贫；城乡融合发展体制机制初步建立，城乡要素市场由单一流动向双向流动格局转变。在新一轮户籍制度改革的作用下，农业转移人口在城市享受的基本公共服务范围显著扩大，[1]以及农村基础设施水平显著提高。尽管城乡关系趋势向好，但城市偏向的资源配置态势并未显著改变。[2]户籍一元化制度改革大多"有名无实"，并没有明显促进户籍人口城镇化。[3]人口老龄化、居住环境差、经济基础薄弱等"农村病"依然突出。[4]这些问题都在一定程度上制约着城乡融合发展和农民农村共同富裕。虽然绝对贫困已经消除，但是从扩大中等收入群体的需求来看，农村绝大部分人口仍然属于低收入人群。

---

1 参见张海鹏：《中国城乡关系演变70年：从分割到融合》，《中国农村经济》2019年第3期。

2 参见王颂吉：《中国城乡双重二元结构研究》，人民出版社2016年版。

3 参见年猛：《人口城镇化的三重失衡及其对策》，《中国发展观察》2017年第6期。

4 参见魏后凯：《新常态下中国城乡一体化格局及推进战略》，《中国农村经济》2016年第1期。

四

正确认识农民农村共同富裕

从国民经济的构成来说，农村地区经济总量占比的确越来越低。但是从农村地区承担的食品安全、生态供给等功能来说，农村依然具有不可替代性，经济上的"洼地"可以成为生活和生态的"高地"。因此，应重新发现并挖掘乡村的潜在价值，树立城乡发展共同体意识，通过乡村振兴和新型城镇化推进实现农民农村共同富裕。

（一）重新发现乡村价值

在我国推进工业化与城镇化的进程中，与工业、城市相比，农业、农村总体上处于从属、被动的地位，在长期支撑工业化、城镇化的过程中，乡村的特性、价值逐渐消减。从承担着人类社会生存必需的功能来看，应当重新发现和实现乡村地区以下三个方面的重要价值。

生产价值　　农业作为乡村地区产业的主要形态，为人类社会承担着食品供给的基础性功能，尤其是保障国家的粮食安全。此外，除农业生产功能，乡村地区产业的多元化发展，还提供一些初级工业品、服务产品等二、三产业产品的供给，可通过一、二、三产业融合发展实现"六次产业"效应。

生活价值　　一方面，乡村地区作为一个与城市截然不同的空间形态，可以为居民居住多样化需求提供选择。与城市密集的居住空间相比，农村地区居住空间较为分散且较为寂静，田园生活现已成为很多人自主选择的生活方式。另一方面，中国传统文化中的"乡愁情结"也不断牵引着人们回归田野，寻找心灵的归属。此外，传统的乡村文化，如戏曲、民俗节日等也不断吸引着城市居民。

生态价值　　农村地区自然环境较为优越，承担着为城市提供生态供给功能、缓解城市建设和环境压力的责任。除此之外，随着我国大力推进绿色农业发展，农业生态功能价值也逐渐凸显，尤其是农业与林、牧、渔等其他产业融合发展形成的新型发展方式，如稻田养殖、林下养殖等，形成了一种新型农业生态循环系统，既最大限度地保护了自然生态环境，又凸显了现代农业的生态价值。

（二）树立城乡发展共同体意识

2019年，中央颁布的"一号文件"《关于坚持农业农村优先发展做好"三农"工作的若干意见》明确提出"坚持农业农村优先发展总方针"。坚持农业农村优先发展，从本质上来说是对以往城市偏向政策的一种纠偏。实施乡村振兴战略，还应转变以往"城是城、乡是乡"的二元分割的发展理念，树立城乡发展共同体意识。

坚持城乡普惠发展与协同改革

一方面，为实现乡村振兴，改变城乡发展差距较大的局面，要坚持普惠发展和利益共享，经济增长收益不能只惠及城镇，也要满足乡村地区经济发展、社会进步的需要。尤其是随着进入新的发展阶段，"坚持农业农村优先发展、全面推进乡村振兴"成为推动经济社会发展的重点工作，在此背景下，经济发展成果不仅要辐射乡村地区，还要优先用于农村经济社会全面发展。另一方面，推进体制机制改革要坚持城乡协同并进的原则。改革的目标是要减少资源错配、提升城乡要素资源的使用效率。为此，需要有效协同推进城乡体制机制改革，以全面打通城乡体制连接的障碍节点。

坚持乡村发展的内生驱动

国内外诸多发展实践表明，具有稳定的内生发展能力是一个国家或区域可持续发展的必要条件，从长期来看，过度依赖外部支持可能会损害该国或地区内生动力的形成而无法实现可持续发展。因此，从乡村自身可持续发展的角度来看，应更多地挖掘自身生长潜力，形成具有独特优势的内力驱动发展模式。

坚持乡村发展的外部支持

分税制改革以来，中国地方政府尤其是基层的县级政府，承担了大量基本公共行政职能，但财权多集中于上级部门，造成财权与事权严重不匹配。地方政府负担过多事权，导致有效财政投资不足，又难以创造优越的基础设施环境来吸引外部资本，从而长期面临内生增长动能减弱的困境。当前，县域作为推进乡村振兴的基本单元和切入点，必然在乡村基本公共服务、基础设施等领域要承担较多的建设任务，而实现乡村振兴是各级政府的共同任务，不能将任务全部压到县级政府。因此，在当前推进乡村振兴任务紧迫和县级政府财政实力普遍不佳、事权过重的情况下，应加强上级政府部门对县级政府开展乡村振兴工作的支持，以保障乡村振兴战略目标的顺利实现。

五

实现农民农村
共同富裕的两大路径

在全面建成小康社会之后,中国迈入全面建设社会主义现代化国家的新发展阶段,促进全体人民共同富裕成为新的发展目标。为有效扭转乡村地区发展滞后局面、推动城乡平衡发展,应全面实施乡村振兴战略,以县域为基本单元,统筹城乡融合发展与新型城镇化建设,作为全面实施乡村振兴战略的两大主攻路径。

(一)全面实施乡村振兴战略,推动城乡平衡发展

全面实施乡村振兴战略是实现农民农村共同富裕、推动城乡平衡发展的重要抓手。从当前乡村振兴战略实施的重点和面临的主要问题来看,为加快实现城乡居民共同富裕,应重点从以下领域突破。

推动农业产业链向高价值区攀升　　从当前我国农村地区产业构成的基本情况来看,农业依然占据一定的主导地位,对农村经济发展、农民收入水平提升产生重要影响。根据国内外农业发展经验,推动农业产业链向高价值区攀升是实现农业强、农民富的重要路径。提升农业产业

链价值可以重点从以下四个方面着手。

第一，推动农业与第二、第三产业融合发展。根据现有学者的研究，产业融合会促进新业态、新模式、新技术的形成，[1] 推动农业与二、三产业融合可以实现农民增收和农业增效，[2] 从而显著提升农业产业的附加值和竞争力。

第二，提高农业科技创新驱动发展水平。科技是第一生产力，也是现代农业领域的竞争焦点和农业现代化的重要表现。由于长期以来实施的"城市偏向"政策，我国政府对农业农村领域的科技投入较少，[3] 直接制约着农业竞争力和价值水平的提升。因此，为有效实现农业产业兴旺和价值提升，应加大对农业农村的科技创新投入，加强先进技术在农业中的应用、推广、补贴力度，培育农业全产业链。

第三，推进农业品牌化发展。随着生活水平的不断提高，居民对农产品的质量、安全、品种等要求也在逐步提升，从而在需求端迫使农业生产者通过品牌化来固化自身产品的高品质形象。推进农业品牌化发展也会对农产品本身产生溢价效应，提高农产品附加值，有助于稳定消费群体，提高农业从业者的收入和生产积极性。

第四，加快农业绿色发展。由于化肥、农药等过量使用，我国农业污染形势十分严峻，土地退化、水体污染等严重影响生态环境质量，[4] 不仅制约农业自身可持续发展，也对我们赖以生存的环境造成威胁，已经引起政府及社会各界的高度重视。目前，减少化肥、农药用量，推动农业绿色发展不仅成为全社会共识，也是实现农业高质量发展的基本路径之一。

---

[1] 参见周振华：《产业融合拓展化：主导因素及基础条件分析（上）》，《社会科学》2003年第3期。

[2] 参见苏毅清、游玉婷、王志刚：《农村一二三产业融合发展：理论探讨、现状分析与对策建议》，《中国软科学》2016年第8期。

[3] 参见年猛：《中国农村创新创业进展及政策建议》，《重庆理工大学学报（社会科学版）》2018年第8期。

[4] 参见李秀芬、朱金兆、顾晓君、朱建军：《农业面源污染现状与防治进展》，《中国人口·资源与环境》2010年第20卷第4期。

构建"以城带乡"的一体化制度

城市集聚大量的人才、资本、技术等生产要素,与生产要素相对匮乏的农村形成了鲜明对比。此外,城市也是农产品销售的主要市场。因此,无论是从生产要素的供给端,还是从农产品销售的需求端来看,城市发展都是农村地区发展的重要推动力,需要充分利用城市资源,实现"以城带乡"。从当前中国城乡关系发展现状来看,实现"以城带乡"关键在于推进城乡制度一体化建设。

第一,建立城乡统一的要素市场,实现劳动力双向流动、土地市场一体化和金融市场普惠化。首先,在城乡劳动力市场建设方面,应以同工同酬为根本准则,从法律上维护农民工群体的权益,消除农民工就业歧视,同时吸引城市优秀人才支援农村建设,实现城乡劳动力市场双向流动。其次,在城乡土地市场建设方面,应以实现"同地同权同价"为基本方向,[1] 率先建立城乡统一建设用地市场,逐步探索农村宅基地市场化改革方案,全面盘活农村土地市场。再次,在城乡金融市场建设方面,应坚持"普惠共享"的原则,推动城市金融机构向农村地区延伸,完善农村金融服务体系。

第二,深化户籍制度改革,还原其人口登记功能。一方面,户籍制度改革应以还原其人口登记功能为根本方向,[2] 将居民的户籍身份与其基本公共福利权益脱钩。另一方面,基于改革成本较大,应继续采取合理分类、渐进式推进的思路,同时完善人口市民化成本分担机制,建立中央政府、地方政府、企业、农业转移人口四方共同分担的机制。

第三,打破城乡分治局面,统筹城乡一体化治理。推进城乡治理一体化可以纠正城市偏向的政策体系,[3] 从而达到促进农村发展、缩小城乡发展差距的目的。统筹城乡一体化治理,一方面应提升乡村治理在国家治理体系中的地位,避免乡村治理出现

---

1 参见陈坤秋、龙花楼:《中国土地市场对城乡融合发展的影响》,《自然资源学报》2019年第2期。
2 参见年猛:《中国城乡关系演变历程、融合障碍与支持政策》,《经济学家》2020年第8期。
3 参见孔祥利:《战后日本城乡一体化治理的演进历程及启示》,《新视野》2008年第6期。

"真空"。另一方面，以推进城乡规划一体化为突破口来打破当前城乡分治的行政管理体制，实现城乡居民基本权益的平等。

完善农村适度优先的政策体系

我国城乡二元结构的形成以及城乡发展差距较大，很大程度上是出于优先发展重工业、以经济发展为中心等战略需要而长期实施城市偏向政策所导致。为振兴乡村经济、实现城乡协调发展，从政府施策角度来说，首先是要扭转当前城市偏向的施策局面，并在城乡发展趋近平衡之前，实施农村适度优先政策。从2019年中央政府在"一号文件"中明确提出"坚持农业农村优先发展"的总方针以来，农村适度优先政策体系已经逐步建立。从目前我国"三农"发展面临的主要问题来看，完善农村适度优先的政策体系需要重点关注以下领域。

第一，加快补足农村基本公共服务短板。根据"十四五"规划纲要提出的2035年远景目标，至2035年"基本公共服务实现均等化"，而在全国层面实现基本公共服务均等化目标的短板就在农村地区。因此，当前的政策重点是应进一步加大对农村地区教育、医疗等基本公共服务供给的力度，在制度和标准方面加快实现城乡统一。

第二，显著提升农村地区基础设施水平。一方面，以集约为导向，率先推动污水处理等市政公用设施在中心镇和城郊村布局，提高市政设施的使用效率。另一方面，在完善乡村地区水、电等基本基础设施配置的同时，在有条件的农村地区以数字乡村建设为切入点加快布局一批新基建项目。

第三，加大稀缺要素下乡的扶持力度。从乡村振兴战略的实施进展来看，"一懂两爱"（懂农业、爱农村、爱农民）的乡村人才、长期根植于乡村的社会资本、先进的科学技术等是制约乡村振兴的主要稀缺要素。为有效吸引这些生产要素参与乡村建设，应进一步加大税收优惠、财政补贴等力度，同时推进农村地区土地等资源的市场化改革，使之适应人才及社会资本流动的需求。

（二）统筹县域城乡融合发展与新型城镇化建设

从现实角度出发，实现乡村振兴应以县域为基本单元统筹城乡融合发展与新型城镇化建设，充分发挥县城集聚人口和辐射乡村发展功能，促进城镇村协调发展，推动形成工农互促、城乡互补、协调发展、共同繁荣的新型工农城乡关系。

以县域为乡村振兴的基本单元

从空间角度来说，县域具有带动乡村振兴、促进城乡融合发展的天然优势。第一，县域是乡村的主要承载区、是城乡连接最紧密的空间单元。从行政区划角度来看，乡村主要位于县域范围内，同时，县域内的大部分空间都被乡村占据。因此，从空间角度来说，县域的空间主体是乡村，也是城乡连接最为紧密的空间单元，具有促进城乡融合发展的天然空间邻近优势。第二，县域还是推动乡村振兴、服务"三农"发展的主要载体。从县域一级政府承担的主要职能来看，县级政府是推动乡村振兴战略实施、完善乡村基本公共服务体系、建设农村基础设施等的主要实践者和直接责任人。

统筹城乡融合发展

为加快补足乡村这个"短板"，需进一步强化县域推动乡村振兴的主体功能，统筹城乡融合发展，推动城乡平衡发展。

第一，分类推进。由于中国各区域之间发展差异较大，县域之间经济发展不平衡现象比较突出，由此导致各个县域对乡村发展的支持能力和力度也大不相同，难以实现县域内城乡同步融合发展。因此，必须坚持以因地制宜、分类施策为基本原则，依据各县域经济发展水平，分区域分阶段推进，逐步实现全国县域内城乡融合发展。

第二，分区域推进。把县域作为城乡融合发展的切入点，必然增加了县级政府对乡村基本公共服务、基础设施等领域的建设要求，从而加大了县级财政的负担。一些经济发展基础条件较差的县域如果不依据实力情况，盲目快速推进城乡融合发展，反而会陷入财政困境，不仅削弱乡村振兴的可持续能力，也会制约整个县域经济的持续发展。因此，应当率先在经济较为发达的区域实现城乡融合发展，然后依据发展条件循序渐进，逐步推动其他县域实现城乡融合发展。

第三，分领域施策。城乡融合涵盖要素市场融合、产业融合、制度融合、治理融合、基本公共服务均等化、基础设施一体化等重点内容。从政府财政投入角度来说，促进这些不同领域的融合所需的财政支出是存在显著差别的。为避免县级政府在推进城乡融合发展过程中陷入财政负担过重的困境，应当采取分类施策的策略，首先推进政府财政投入较少、体制机制改革较为容易的领域率先融合，然后逐步推进其他领域融合发展。

加快推进县域新型城镇化建设

城镇化是提高要素配置效率、促进经济增长的重要手段。2022年中央"一号文件"明确提出，要"加快推进以县城为重要载体的城镇化建设"，表明实现乡村振兴要充分利用城镇化建设这个手段。为避免县域走以前粗放型、造城式的低质量城镇化道路，应将乡村振兴战略与新型城镇化战略进行有效结合，走县域内新型城镇化道路，强化县城聚集人口、吸引资本的能力，实现人口就地就近城镇化，从而有助于实现县域经济可持续发展，增强县城服务"三农"发展的能力，为实现乡村振兴提供动力保障，促进无论是进城人口还是留村人口同步实现共同富裕。

我国各地区综合条件不同、发展差距大，如何有效地促进各地区居民收入和生活差距的显著缩小，从而实现各地区的同步共同富裕？改革开放过程中地区差距扩大，西部大开发、东北振兴等区域协调发展政策陆续出台，以期缩小地区差距，促进地区间均衡、协调发展。从共同富裕的角度来说，西部地区是缩小地区差距的最大"短板"。西部地区实现繁荣除了依靠中央的倾斜政策和东部地区的支援，还要找准自己的优势和定位，着力增强内生发展能力，同时从基本公共服务、重要基础设施建设、发展民生经济等方面缩小与东部地区的生活水平差距。当然，从全国共同富裕大局来说，与东部协作、对口支援以及区际利益补偿等地区间协同发展机制发挥作用仍是必要和有益的。

第五章

西部地区居民的共同富裕

我国全面建成社会主义现代化国家和实现全体人民共同富裕，应当包括东部地区、中部地区、西部地区和东北地区的共同富裕。在共同富裕的愿景下，到 2035 年，东中西部应当实现区域间平衡协调发展，不仅中部地区要实现高水平崛起，西部地区也要形成大保护、大开放、高质量发展的新格局，基本公共服务供给、基础设施通达程度、人民生活水平同东部和中部地区大体相当，同全国一道同步基本实现社会主义现代化。到 2050 年，各区域要同步全面实现社会主义现代化，各区域居民要一同基本实现共同富裕。西部地区地域广袤，经济基础薄弱，生态条件重要且脆弱，低收入人口比例高且收入差距大，是各区域共同富裕和同步实现现代化的"短板"。因此要着力增强西部地区内生发展能力，并健全区域间协同发展机制，更好地实现西部地区居民的共同富裕。

一

西部区域发展的政策回顾

中华人民共和国成立以来特别是西部大开发战略实施以来，西部地区的经济社会发展和生态环境治理取得显著成绩，东中西部发展不平衡不充分的矛盾得到一定程度的缓解，但不平衡问题依然比较突出。

（一）地区差距与西部大开发

西部地区在国家发展全局中居于重要位置。20世纪60年代中期至70年代末，国家通过"三线"建设在西部地区布局了一大批工业企业，在此过程中改善了西部地区的交通运输条件。[1] 改革开放之后，东部沿海地区依托地理区位优势和政策等条件得到快速发展，东西部发展差距拉大。

为解决西部地区与东部地区发展差距过大的问题，中央于1999年作出了西部大开发的战略决策。1999年3月，正式提出"西部大开发"的战略构想；6月，召开西北地区国有企业改革和发展座谈会，着重强调实施西部大开发战略；[2] 9月，党的十五届四中全会通过《中共中央关于国有企业改革和发展

---

[1] 参见王庭科：《三线建设与西部大开发》，《党的文献》2000年第6期。

[2] 参见江泽民：《不失时机地实施西部大开发战略》，《江泽民文选》第二卷，人民出版社2006年版，第340—347页。

若干重大问题的决定》,明确"国家要实施西部大开发战略"[1]。2000年1月,中共中央、国务院印发《关于转发国家发展计划委员会〈关于实施西部大开发战略初步设想的汇报〉的通知》,正式拉开西部大开发的序幕;同月,国务院西部地区开发领导小组成立;10月,国务院发布《国务院关于实施西部大开发若干政策措施的通知》,明确西部大开发的政策适用范围包括重庆市、四川省、贵州省、云南省、西藏自治区、陕西省、甘肃省、宁夏回族自治区、青海省、新疆维吾尔自治区、内蒙古自治区、广西壮族自治区。这12个省(自治区、直辖市)的地域面积为687.27万平方公里,占全国总面积的71.6%;2000年末,人口数量为3.55亿人,占全国总人口的28.1%。[2]此后,国务院先后批准对湖南湘西土家族苗族自治州、湖北恩施土家族苗族自治州、吉林延边朝鲜族自治州等地区,在实际工作中比照西部大开发的有关政策予以照顾。西部大开发战略实施以来,中央先后制定出台了《"十五"西部开发总体规划》(2002年)、《国务院关于进一步推进西部大开发的若干意见》([2004]6号,2008年3月发布)、《西部大开发"十一五"规划》(2007年)、《中共中央、国务院关于深入实施西部大开发战略的若干意见》(2010年)、《西部大开发"十二五"规划》(2012年)、《西部大开发"十三五"规划》(2016年)等政策文件和发展规划。在中央文件的指导和推动下,西部同其他地区之间的合作机制、互助机制和利益补偿机制得以建立,西部地区的经济社会发展取得了翻天覆地的变化,推动了西部地区同全国其他地区同步实现全面建成小康社会。

2018年11月,《中共中央 国务院关于建立更加有效的区域协调发展新机制的意见》出台。该文件提出要立足于发挥各地区比较优势和缩小区域发展差距,围绕努力实现基本

---

[1]《中共中央关于国有企业改革和发展若干重大问题的决定》,《改革开放三十年重要文献选编》(下),中央文献出版社2008年版,第1039页。

[2] 数据来源于《中国统计年鉴2001》。

公共服务均等化、基础设施通达程度比较均衡、人民基本生活保障水平大体相当的目标,加快形成统筹有力、竞争有序、绿色协调、共享共赢的区域协调发展新机制,促进区域协调发展向更高水平和更高质量迈进。[1]这一文件的出台,对于建立更加有效的区域协调发展新机制,加快包括西部地区在内的欠发达地区经济社会发展具有重要指导意义。

在"两个一百年"奋斗目标交汇之际,《中共中央 国务院关于新时代推进西部大开发形成新格局的指导意见》于2020年5月发布,提出强化举措抓重点、补短板、强弱项,推进西部地区形成大保护、大开放、高质量发展的新格局,到2035年西部地区基本实现社会主义现代化,基本公共服务、基础设施通达程度、人民生活水平与东部地区大体相当。[2]这一文件的出台,为西部地区在新时代实现高质量发展和西部大开发形成新格局提供了遵循。

(二)西部地区发展取得成效

中华人民共和国成立特别是西部大开发战略实施20多年来,中央对西部地区实施了一系列倾斜政策,西部地区在经济发展、基础设施建设、基本公共服务供给、生态环境保护等方面取得了显著成绩。

经济快速增长和对外开放水平不断提升

在中央政策的支持下,西部发挥比较优势发展特色产业,经济实现快速发展。1999—2020年,西部地区生产总值由1.6万亿元增至21.3万亿元,占全国比重提高约3.5个百分点;西部地区生产总值年均增长10.2%,增速高于东部、中部和东北地区。1999—2020年,全国人均GDP由6963元提升至71695元,

---

[1] 参见《中共中央国务院关于建立更加有效的区域协调发展新机制的意见》,人民出版社2018年版,第1—19页。

[2] 参见《中共中央国务院关于新时代推进西部大开发形成新格局的指导意见》,人民出版社2020年版,第1—26页。

增加9.3倍。1999年，西部各省（自治区、直辖市）的人均GDP都低于全国平均水平，经过20多年的发展，2020年，重庆、内蒙古的人均GDP超过全国平均水平，陕西接近全国平均水平，西部其他省（自治区）尚低于全国平均水平。从增速来看，除新疆和甘肃，西部其他省（自治区、直辖市）2020年的人均GDP较之于1999年都增加了8.6倍以上，其中贵州、重庆、陕西的增幅超过14倍，这表明西部地区的人均GDP保持了较快增长速度。西部人均GDP同东部之比由41%增至60%，相对差距明显缩小。[1]

西部地区的对外开放水平也逐步提升。2020年，西部省（自治区、直辖市）进出口总额为2.95万亿元，是1999年的26倍。从西部省（自治区、直辖市）的进出口贸易额占全国进出口总额的比重来看，1999—2020年，四川、重庆、广西、陕西、云南的进出口占比呈现明显上升趋势。其中，四川由0.68%增至2.51%，重庆由0.34%增至2.02%，广西由0.49%增至1.51%，陕西由0.56%增至1.17%，云南由0.46%增至0.84%，这些省（自治区、直辖市）的对外经济发展水平显著提升。但与此同时，新疆、内蒙古、贵州、甘肃、宁夏、青海、西藏的进出口占比变动不大，其中新疆和内蒙古2020年占比为0.3%~0.5%，贵州和甘肃占比为0.1%~0.2%，宁夏、青海和西藏占比低于0.1%。[2] 今后，西部地区如能更为全面地融入"一带一路"建设，可进一步提升外向型经济发展水平。

[1] 原始数据来源于相关年份的《中国统计年鉴》。
[2] 原始数据来源于相关年份的《中国统计年鉴》。

基础设施建设大幅提升

西部大开发战略实施以来，中央及西部省（自治区、直辖市）投入大量资源用于基础设施建设，建成了西气东输、西电东送、青藏铁路等标志性工程，初步构建起"五横四纵四出境"综合运输通道。此外，西部具备条件的乡镇、建制村通硬化路全面完成，西部地区的综合交通、水利、能源、信息、物流等基础设施存量大幅增长，基础设施通达程度和均等化水平显著提升。

我们使用公路密度来衡量西部地区的公路基础设施发展状况，各省（自治区、直辖市）的公路密度计算公式为公路里程除以省域国土面积。2020年，全国公路密度为1.10公里/平方公里，西部地区的重庆和贵州高出全国平均水平，分别为2.20公里/平方公里和1.17公里/平方公里，四川、陕西、云南介于0.7~0.9公里/平方公里之间，广西、宁夏、甘肃介于0.3~0.6公里/平方公里之间。由于地广人稀，内蒙古、新疆、青海、西藏均为0.1公里/平方公里左右。[1] 总体而言，在中央的支持下，西部地区包括公路在内的基础设施通达程度有了显著提升，但仍有较大发展空间。

基本公共服务供给大幅改善

为加强西部地区的基本公共服务供给，中央给予西部省份的财政转移支付持续增加，这对于补齐西部地区的基本公共服务供给短板发挥了重要作用。我们选取人均卫生费用来衡量西部地区的医疗卫生事业发展水平。人均卫生费用的计算公式为各省份的卫生总费用除以常住人口数量，卫生总费用由政府卫生支出、社会卫生支出和个人卫生支出三部分组成。从计算结果来看，2012—2019年，全国人均卫生费用由2077元增至4669元，翻了一番以上。西部省（自治区、直辖市）之中，2020年，青海、西藏、宁夏、新疆、陕西的人均卫生费用高出全国平均水平，内蒙古、重庆、四川跟全国平均水平大致相当，贵州、云南、甘肃、广西低于全国平均水平。但从增长幅度来看，四川、贵州、云南的人均卫生费用增幅超出全国平均水平。[2] 总体而言，在中央政策的支持下，西部地区包括医疗卫生在内的基本公共服务供给有了显著改善，但相

---

[1] 原始数据来源于《中国统计年鉴2021》。
[2] 原始数据来源于相关年份的《中国卫生健康统计年鉴》。

对发达地区仍有差距。

生态环境保护成效明显

西部大开发把生态环境保护作为重要任务,实施了退耕还林、退牧还草、天然林保护、三北防护林、石漠化综合治理等重点生态工程,显著改善了生态环境质量。我们用森林覆盖率来衡量西部地区的生态环境治理成效。1999—2019年,全国森林覆盖率由18.21%增至22.96%,增加了4.75个百分点。受地理、气候等方面因素的影响,西部各省(自治区、直辖市)的森林覆盖率存在很大差异。其中,2019年,广西、云南、贵州、重庆、陕西的森林覆盖率超过40%,1999—2019年,年均增加了10个百分点以上,远高于全国平均水平;四川2019年的森林覆盖率为38%,1999—2019年增加了7.73个百分点,高于全国平均水平。内蒙古2019年的森林覆盖率(22.1%)接近全国平均水平,1999—2019年增加了4.4个百分点。甘肃、宁夏、新疆的森林覆盖率尽管远低于全国平均水平,但这三个省(自治区)在1999—2019年都翻了将近一番。受地理、气候等方面客观条件的制约,西藏、青海的森林覆盖率低于全国平均水平,且增幅有限。[1] 截至2020年底,西部地区累计实施退耕还林还草超过1.37亿亩,森林覆盖率超过19.3%。[2] 由于西部地区以森林覆盖率为代表的生态环境改善,西部地区尤其是西北地区近年来出现了较为明显的降雨量增加,一些地方的局部小气候也正在变得更加适宜农业生产。

(三)西部居民生活水平显著提高

西部地区是国家扶贫开发的重点区域,全国14个集中连

---

[1] 原始数据来源于相关年份的《中国统计年鉴》。
[2] 数据来源于王磊、孙奕、刘夏村、许晋豫:《再闯新路看西部 接续奋斗开新局——习近平总书记谋划推动西部大开发谱写新篇章》,《中国青年报》2021年10月25日第3版。

片特困地区有 12 个分布在西部,[1] 深度贫困的"三区三州"[2]均在西部地区。经过党和人民的不懈努力,尤其是党的十八大之后开展精准脱贫攻坚战,到 2020 年底西部地区 5086 万贫困人口和 568 个贫困县全面脱贫摘帽,西部地区同全国一道全面建成了小康社会,历史性地解决了困扰西部地区发展的绝对贫困问题。

2020 年,全国居民人均可支配收入为 32189 元。西部居民人均可支配收入增速较快,但 2020 年西部各省(自治区、直辖市)人均可支配收入均低于全国平均水平。其中,内蒙古和重庆介于 3.0 万~3.2 万元之间,四川、陕西、宁夏介于 2.5 万~2.7 万元之间,西部其他省(自治区)介于 2.0 万~2.5 万元之间。[3] 总体而言,西部居民的人均可支配收入同全国平均水平存在一定差距。

2020 年,全国居民人均消费支出为 21210 元。西部居民人均消费支出增速较快,但 2020 年除重庆(21678 元),西部其他省(自治区)人均消费支出均低于全国平均水平。其中,四川、内蒙古、青海介于 1.8 万~2.0 万元之间,宁夏、陕西、云南、新疆、广西、甘肃介于 1.6 万~1.8 万元之间,西藏和贵州介于 1.3 万~1.5 万元之间。[4] 总体而言,西部居民的人均消费支出同全国平均水平存在一定差距。

---

[1] 根据《中国农村扶贫开发纲要(2011—2020 年)》,集中连片特困地区包括六盘山区、秦巴山区、武陵山区、乌蒙山区、滇桂黔石漠化区、滇西边境山区、大兴安岭南麓山区、燕山—太行山区、吕梁山区、大别山区、罗霄山区等区域。

[2] 三区三州的"三区"是指西藏自治区,青海、四川、甘肃、云南四省藏族聚居区,新疆的和田地区、阿克苏地区、喀什地区、克孜勒苏柯尔克孜自治州四地区;"三州"是指四川凉山州、云南怒江州、甘肃临夏州。"三区三州"是全国的深度贫困地区,是全面建成小康社会最难啃的"硬骨头"。

[3] 原始数据来源于《中国统计年鉴 2021》。

[4] 数据来源于全国及西部各省(自治区、直辖市)的《2020 年国民经济和社会发展统计公报》。

二

各区域
共同富裕的愿景

相对于发达地区而言,西部地区发展不平衡不充分的问题依然突出,[1] 巩固拓展脱贫攻坚成果的任务依然艰巨。在此背景下,西部发展水平偏低仍然是制约我国全面建设社会主义现代化国家和推动实现全体人民共同富裕的短板。[2] 因此必须在推进西部大开发形成新格局的过程中加快西部地区发展,以区域协调发展促进共同富裕。西部繁荣发展的愿景,可以分为2035年和2050年两个时间节点。到2035年,西部地区同全国一道基本实现社会主义现代化。到2050年,西部地区同全国一道全面实现社会主义现代化,西部居民同全国人民一道基本实现共同富裕。

(一)推进西部大开发形成新格局

西部地区形成大保护、大开放、高质量发展的新格局,是西部地区加快改革和发展的基本方略,是推动西部居民实现共同富裕的必由之路。

---

[1] 参见国家发展和改革委员会:《西部大开发的历史经验与启示》,《西部大开发》2021年第7期。

[2] 参见《中共中央国务院关于新时代推进西部大开发形成新格局的指导意见》,人民出版社2020年版,第1—2页。

大保护是西部繁荣发展的重要支撑

西部地区是长江、黄河、澜沧江等大江大河的发源地，生态资源既丰富多样又极为脆弱。西部地区把保护生态环境放到更加突出的重要位置，既符合包括西部地区在内的全国人民的根本利益，也符合中华民族的长远利益。因此，新时代西部地区要走生态优先、绿色发展之路，坚持在开发中保护、在保护中开发，筑牢国家生态安全屏障。

大开放是西部繁荣发展的关键路径

对外开放水平较低是制约西部繁荣发展的短板，西部发展必须建立在大开放的基础之上。1999—2020年，西部地区的进出口贸易额由137.02亿美元上升到4276.70亿美元，西部占全国进出口贸易总额的比重由3.80%增至9.19%。西部地区的对外开放尽管取得了显著进步，但仍有很大提升空间。共商共建"一带一路"为西部地区加强国际经济合作、发展高水平开放型经济提供了难得的历史机遇，今后西部地区应更加全面地融入"一带一路"建设，打造内陆开放高地和开发开放枢纽。

高质量发展是西部繁荣发展的内在要求

由高速度增长转向高质量发展，有助于促进西部地区的经济发展同人口、资源、环境相协调，实现更高质量、更有效率、更加公平、更可持续发展。基于此，西部地区应当充分发挥比较优势，通过提升创新发展能力、构建现代化产业体系等途径，实现西部地区同其他地区之间的互补发展和协同开放。

（二）东中西共同富裕的标准

西部地区的繁荣发展要致力于促进全体人民共同富裕、东中西部的共同富裕，其体现为到2035年西部地区的基本公共服务供给、基础设施通达程度、人民生活水平同东部和中部地区大体相当，居民生活水平同全国人民一道基本实现共同富裕。

基本公共服务均等化

西部地区的公共服务供给水平在西部大开发以来取得了明显改善，但同东部地区还存在一定差距。地区之间实现基本公共服务均等化，关乎民生改善、社会稳定和民族团结。基于此，中央应当进一步健全区域均衡的财政转移支付制度，持续加大对西部地区基本公共服务供给的财政支持力度和各项政策扶持力度，推动实现地区之间的基本公共服务均等化。

提升基础设施通达程度

中央在西部大开发以来投入大量资源改善了西部地区的基础设施条件，但受地理条件、经济发展水平等因素的制约，西部地区基础设施的通达度、畅通性和均等化水平仍有待提高。提高基础设施通达程度，是实现地区之间互联互通和资源优化配置的硬件支撑。基于此，西部地区应当进一步加大基础设施建设力度，提升基础设施通达程度，为西部经济高质量发展和全体人民共同富裕提供有力支撑。

生活水平差距缩小

西部地区的繁荣发展要落脚到提高人民生活水平、推动实现共同富裕上。在中央和其他地区的全力支持下，西部地区打赢了脱贫攻坚战，历史性地解决了绝对贫困问题。但西部脱贫地区巩固拓展脱贫攻坚成果、缓解相对贫困问题、提高人民生活水平的任务依然艰巨。基于此，西部地区应当下大力气巩固拓展脱贫攻坚成果，在大保护、大开放、高质量发展的过程中尤其注重增加居民收入和提高人民生活水平，缩小与东部之间的差距，推动逐步实现共同富裕。

三

增强西部内生发展能力

西部地区的繁荣发展和共同富裕,必须建立在提升西部地区自身内生发展能力的基础之上。从长远看,西部地区应当致力于形成自生能力,以适当外力支持为支撑,充分发挥资源生态比较优势,走内生发展道路,呈现生机勃发的西部繁荣景象。为此,西部地区应当从现代产业发展、基础设施建设、公共服务供给、新型城镇化、乡村振兴、生态环境保护等方面,培育繁荣发展和人民富裕的内生动力。

(一)构建现代化产业体系,带动居民高质量就业

就业是民生之本,西部地区构建现代化产业体系有助于创造充裕的高质量就业岗位,从而带动居民收入水平持续提升。从产业体系发展现状来看,西部地区培育了一大批有特色、有活力的优势产业,现代农业、先进制造业、现代服务业发展势头强劲。但同发达地区相比,西部地区在产业新动能培育和传统动能改造升级上仍需迈出更大步伐,加快构建富有竞争力的现代化产业体系。

从第三产业增加值占生产总值的比重来看,2020年全国第三

产业增加值占比为54.5%，西部省（自治区、直辖市）占比最低的是陕西（47.9%），占比最高的是甘肃（55.1%），[1]这表明服务业已成为西部省份的主导产业。但同时需要注意的是，对于尚未完成工业化的西部地区而言，大多数省（自治区、直辖市）仍应把工业作为产业发展和带动就业的重要行业。从第一产业发展情况来看，2020年，甘肃、云南、西藏、内蒙古、广西、新疆、贵州、四川、陕西等9个西部省（自治区）的第一产业就业占比仍超过30%，其中甘肃和云南更是超过40%，远高于全国第一产业就业占比（23.6%）；2020年，广西、云南、新疆、贵州、甘肃、内蒙古、四川、青海等8个西部省（自治区）的第一产业增加值占比仍超过11%，远高于全国第一产业增加值占比（7.7%）。[2]这表明西部地区农村劳动力转移和现代农业发展仍有很长的路要走。西部地区要构建现代化产业体系，必须充分发挥西部地区的比较优势，着眼于带动城乡居民高质量就业。

第一，把创新和开放作为产业发展的关键动力。创新是驱动现代产业发展的核心动能，西部地区必须在现代产业发展过程中加强创新能力建设，打造区域创新高地，促进科技成果转化。此外，西部地区应当拓展区际和国际产业合作机制，不仅要积极吸纳国内发达地区的优势产业，而且要全面融入"一带一路"加强国际产能合作，从而在开放过程中提升产业竞争力。

第二，发挥比较优势，发展具有区域特色和竞争力的产业，如现代农牧业、先进制造业、战略性新兴产业和现代服务业。在现代农牧业发展方面，西部地区应当推动农村一、二、三产业融合发展，促进农牧业全产业链、价值链转型升级；在先进制造业和战略性新兴产业发展方面，西部地区应

---

[1] 原始数据来源于《中国统计年鉴2021》。

[2] 原始数据来源于《中国统计年鉴2021》。

当抓住新科技革命蓬勃发展的机遇，促进大数据、人工智能等先进技术应用于产业转型升级，发挥产业发展的后发优势，实现弯道超车；在现代服务业发展方面，西部地区应当充分发挥历史文化、生态环境、民族民俗、边境风光等优势，提升旅游业发展水平，同时要积极建设现代物流服务体系。[1]

第三，产业发展要落脚到创造充裕的高质量就业岗位，提高城乡居民收入水平上。西部地区的现代农业发展和农村劳动力转移就业仍然是一项长期艰巨的任务，这要求城镇通过产业发展创造大量的非农业就业机会，现代农业的发展也要带动农村居民增收，从而在构建现代产业体系的过程中提升就业质量和居民收入水平。

（二）加强基础设施建设和公共服务供给，提升居民获得感

基础设施是经济发展的硬件支撑，经济高质量发展要求有全面完善的基础设施；基本公共服务供给是重要的民生工程，直接影响居民的获得感和幸福感。同东部发达地区相比，西部地区的基础设施通达程度和基本公共服务供给水平仍存在一定差距，因此西部地区需要进一步加强基础设施建设和基本公共服务供给，以提升居民获得感。

基础设施建设要注重提高通达度、畅通性和均等化水平。一是加强横贯东西、纵贯南北的运输通道建设，例如加快川藏铁路、沿江高铁、渝昆高铁、西（宁）成（都）铁路等重大工程规划建设，拓展区域开发轴线。二是注重高速铁路与普通铁路协同发展，继续开好多站点、低票价的"慢火车"，使基础设施建设更多惠及低收入居民。三是打通断头路、瓶颈路，加

---

[1] 参见《中共中央国务院关于新时代推进西部大开发形成新格局的指导意见》，人民出版社2020年版，第5—6页。

强出海、扶贫通道和旅游交通基础设施建设，完善国家物流枢纽布局，使基础设施建设更好地支撑西部产业发展。四是进一步提高农村地区、边远地区的信息网络覆盖水平，以信息技术提升西部地区的互联互通水平。五是推进城乡供水一体化以及小型标准化供水设施建设，确保西部农村居民的饮水安全。[1]

基本公共服务供给要注重增强居民的获得感、幸福感。一是强化公共就业创业服务。大力扶持高校毕业生等群体在西部地区就业创业，有序引导农村劳动力转移就业，为农民工返乡创业就业营造良好环境。二是合理布局基础教育和医疗卫生资源。进一步改善西部脱贫地区的义务教育办学条件，加强乡村小规模学校、乡村寄宿制学校建设，稳定乡村教师队伍。加强县级医院综合能力建设，改善农村医疗卫生条件，提高基层医护人员的专业技术水平。三是完善多层次、广覆盖、城乡统一的社会保障体系。加快推进城乡居民养老保险省级统筹，合理确定城乡居民基本医疗保险保障水平，完善养老、医疗保险关系转移接续措施，加快实现城乡社会保障一体化。[2]

（三）推进以人为核心的新型城镇化，加快农业转移人口市民化

城镇化是西部地区实现现代化的重要途径，加快农业转移人口市民化是提升西部地区城镇化质量和推动实现共同富裕的内在要求。西部大开发以来，西部地区的城镇化率随着经济社会发展而不断上升，但同其他地区相比仍存在一定差距。2020年，全国常住人口城镇化率达到63.89%，在西部省

---

[1] 参见《中共中央国务院关于新时代推进西部大开发形成新格局的指导意见》，人民出版社2020年版，第7—8页。

[2] 参见《中共中央国务院关于新时代推进西部大开发形成新格局的指导意见》，人民出版社2020年版，第17—21页。

（自治区、直辖市）之中，重庆、内蒙古和宁夏的城镇化率超过全国水平，陕西和青海的城镇化率也超过了60%，新疆、四川、广西、贵州、甘肃、云南的城镇化率介于50%~60%之间，西藏的城镇化率仅为35.73%。[1] 以上数据表明，西部地区的城镇化率总体达到较高水平，但大多数省（自治区、直辖市）仍需加快城镇建设和农业转移人口市民化进程。

在城镇建设方面，西部地区应当以中心城市带动城市群高质量发展和大中小城市网络化建设，培育发展一批特色小城镇，这是支撑西部地区产业发展和居民生活的主要空间载体。目前，西部地区已经形成了重庆、成都、西安等千万人口量级的国家中心城市，以及昆明、南宁、兰州、呼和浩特、乌鲁木齐、银川、西宁、贵阳、拉萨等区域中心城市。以这些国家中心城市和区域中心城市为依托，形成了成渝城市群、关中平原城市群、兰州—西宁城市群、宁夏沿黄城市群、天山北坡城市群、呼包鄂榆城市群、北部湾城市群、滇中城市群、黔中城市群。今后，西部地区的城镇建设应当继续围绕这些中心城市和城市群展开，进一步加强中心城市之间的基础设施联通，发挥中心城市的辐射带动作用，依托中心城市优化城市群内部的空间分工和产业布局，以县域中心城市和小城镇为载体促进城乡融合发展，使中心城市和城市群成为带动西部地区经济社会发展的引擎。

在农业转移人口市民化方面，政府应当从农业人口跨区域转移实现市民化和就地转移实现市民化两个方向予以推进。20世纪90年代以来，一大批西部地区的劳动者转移到东部沿海等地区就业创业。但受到户籍制度等因素的制约，其中的长期性转移人口也难以在当地落户实现市民化。这不仅抑制了经济效率的提升，而且有违社会公平。中央应当进一步完

---

[1] 原始数据来源于《中国统计年鉴2021》。

善外来人口市民化的激励约束机制，引导人口流入地的地方政府加快推进外来人口市民化进程。此外，随着西部地区经济社会的发展和城镇建设的推进，近年来西部地区大量农业人口就地就近向城镇转移就业，西部地区的人口流入地政府部门应当积极推动城镇基本公共服务面向常住人口实现全覆盖，有序实现就地就近转移的农业人口市民化。从经济发展理论和发达地区的实践出发可以预见，西部地区农业人口转移及其市民化的推进，将为西部人民增加消费、提高生活水平、实现共同富裕提供有力支撑。

（四）巩固拓展脱贫攻坚成果同乡村振兴衔接，促进农民生活富裕

西部地区贫困县摘帽、贫困人口脱贫不是终点，而是迈向共同富裕新生活、新奋斗的起点。一方面，西部脱贫地区巩固拓展脱贫攻坚成果的任务依然艰巨；另一方面，西部脱贫地区需要接续推进乡村全面振兴。因此，西部脱贫地区需要做好巩固拓展脱贫攻坚成果同乡村振兴有效衔接，促进农村居民生活富裕。

在巩固拓展脱贫攻坚成果方面，一是要保持主要帮扶政策总体稳定，巩固脱贫人口的"两不愁三保障"[1]成果；二是健全防止返贫动态监测和帮扶机制，守住不发生规模性返贫底线；三是做好易地扶贫搬迁后续扶持工作，确保搬迁群众在安置地稳得住、有就业、逐步能致富，顺利实现社会融入；四是要提高脱贫地区乡村特色产业的竞争力和抗风险能力，促进脱贫人口稳定就业；五是要持续改善脱贫地区的基础设施条件，进一步提升脱贫地区的基本公共服务供给水平。[2]

---

[1] "两不愁"是指稳定实现农村贫困人口不愁吃、不愁穿，"三保障"是指保障其义务教育、基本医疗和住房安全，这是农村贫困人口脱贫的基本要求和核心指标。

[2] 参见《中共中央国务院关于实现巩固拓展脱贫攻坚成果同乡村振兴有效衔接的意见》，人民出版社2021年版，第7—12页。

在两项制度的衔接方面，要从"产业兴旺、生态宜居、乡风文明、治理有效、生活富裕"的总体要求出发，从以下维度构建巩固拓展脱贫攻坚成果同乡村振兴有效衔接的机制。[1] 一是在乡村产业发展维度，做好产业扶贫同"产业兴旺"之间的衔接；二是在乡村生态文明维度，做好易地搬迁生态修复、生态扶贫同"生态宜居"之间的衔接；三是在乡村精神文明维度，做好扶智扶志同"乡风文明"之间的衔接；四是在乡村社会治理维度，做好驻村帮扶同"治理有效"之间的衔接；五是在乡村民生保障维度，做好"两不愁三保障"同"生活富裕"之间的衔接。

（五）筑牢国家生态安全屏障，满足居民的优美生态环境需要

西部地域辽阔，生态资源既丰富多样又极为脆弱，西部地区的繁荣发展必须把生态环境保护放在更加突出的重要位置。西部大开发以来，西部地区的生态环境保护取得显著成效。截至2020年底，西部地区累计实施退耕还林还草超过1.37亿亩，青海三江源"中华水塔"得到有效保护，长江干流首次全线达到Ⅱ类水质，黄河干流水质为优。[2] 随着生活水平的不断提高，广大人民对于优美生态环境的需要日益强烈。基于此，西部地区进一步加强生态环境保护，既是筑牢国家生态安全屏障的内在要求，也有助于满足人民日益增长的优美生态环境需要。

西部地区进一步加强生态环境保护，应从以下三方面着力：一是继续实施水土保持、天然林保护、退耕还林还草、退牧还草、重点防护林体系建设等重点生态工程，推进国家

---

[1] 参见白永秀、苏小庆、王颂吉：《巩固拓展脱贫攻坚成果同乡村振兴衔接的理论与实践逻辑》，《人文杂志》2022年第4期。
[2] 参见熊丽：《开创西部大开发新格局》，《经济日报》2021年10月25日第8版。

公园体系建设,保障好长江、黄河上游生态安全,保护好冰川、湿地等生态资源;二是推进青海三江源生态保护和建设、祁连山生态保护与综合治理、岩溶地区石漠化综合治理、京津风沙源治理,提高重污染天气应对能力;三是加快发展西部地区绿色产业,推动重点领域节能减排。[1]

---

[1] 参见《中共中央国务院关于新时代推进西部大开发形成新格局的指导意见》,人民出版社2020年版,第13—14页。

四

健全区域共同富裕的协同机制

西部地区的繁荣发展和共同富裕,固然要走自立、自强的内生发展道路,但也离不开中央和其他地区的外力支持。为此,应从优化区际协作帮扶机制、健全区际利益补偿机制、建立区域均衡的财政转移支付制度等方面入手,健全西部共同富裕的协同机制。

(一)优化东西部协作机制

东西部扶贫协作是中央为加快西部地区扶贫开发进程、推动实现共同富裕作出的制度安排。1996年10月,中共中央、国务院发布《关于尽快解决农村贫困人口温饱问题的决定》,部署9个东部省(直辖市)和4个计划单列市同西部10个省(自治区)开展扶贫协作,具体安排如下:北京帮内蒙古,天津帮甘肃,上海帮云南,广东帮广西,江苏帮陕西,浙江帮四川,山东帮新疆,辽宁帮青海,福建帮宁夏,深圳、青岛、大连、宁波帮贵州。按照中央要求,东西部协作省市之间要组织富裕县和贫困县结成对子,动员富裕县的企业到西部贫困县去,利用人才、技术、信息、市场、管理、资金等各种优势,在互利互惠的基础上与贫困县共同开发当地资源。[1] 2016年12月，中共中央办公厅、国务院办公厅印发《关于进一步加强东西部扶贫协作工作的指导意见》，进一步完善东西部地区的结对关系，[2] 明确帮扶责任。[3] 20多年来，东西部地区结对子开展了政府援助、企业合作、社会帮扶、人才支持等多种形式的扶贫协作，有力推动了西部地区的扶贫开发进程。随着脱贫攻坚任务的完成，习近平总书记在《在全国脱贫攻坚总结表彰大会上的讲话》中把东西部扶贫协作调整为东西部协作，要求坚持和完善东西部协作等制度。在新时代推动西部地区繁荣发展和共同富裕的背景下，东西部协作一方面要坚持原有结对关系和帮扶内容，另一方面可以作出优化调整。

第一，依托国家区域重大战略拓展合作关系。西部省（自治区、直辖市）应积极对接京津冀协同发展、长江经济带发展、粤港澳大湾区建设、长江三角洲区域一体化发展、黄河流域生态保护和高质量发展等重大战略，在深度融入国家区域重大战略的过程中拓展合作关系。

第二，促进流域上下游、陆桥综合运输通道沿线合作发展。推进长江经济带、珠江—西江经济带、淮河生态经济带、汉江生态经济带等重点流域经济带上下游之间加强合作，依托新亚欧大陆桥加强西部省（自治区、直辖市）同江苏、山东、河南等东中部省（直辖市）的互惠合

---

[1] 参见《中共中央 国务院关于尽快解决农村贫困人口温饱问题的决定》，《中国贫困地区》1996年第6期。
[2] 调整后的东西部扶贫协作结对关系为：北京市帮扶内蒙古自治区、河北省张家口市和保定市；天津市帮扶甘肃省、河北省承德市；辽宁省大连市帮扶贵州省六盘水市；上海市帮扶云南省、贵州省遵义市；江苏省帮扶陕西省、青海省西宁市和海东市，苏州市帮扶贵州省铜仁市；浙江省帮扶四川省，杭州市帮扶湖北省恩施土家族苗族自治州、贵州省黔东南苗族侗族自治州，宁波市帮扶吉林省延边朝鲜族自治州、贵州省黔西南布依族苗族自治州；福建省帮扶宁夏回族自治区，福州市帮扶甘肃省定西市，厦门市帮扶甘肃省临夏回族自治州；山东省帮扶重庆市，济南市帮扶湖南省湘西土家族苗族自治州，青岛市帮扶贵州省安顺市、甘肃省陇南市；广东省帮扶广西壮族自治区、四川省甘孜藏族自治州，广州市帮扶贵州省黔南布依族苗族自治州和毕节市，佛山市帮扶四川省凉山彝族自治州，中山市和东莞市帮扶云南省昭通市，珠海市帮扶云南省怒江傈僳族自治州。
[3] 参见《中共中央办公厅 国务院办公厅印发〈关于进一步加强东西部扶贫协作工作的指导意见〉》，《中华人民共和国国务院公报》2017年第1期。

作,实现流域和陆桥沿线的生态环境共治、产业协同升级。

第三,加强省际交界地区合作。推进晋陕豫黄河金三角、粤桂、川渝等省际交界地区合作发展,探索建立统一规划、统一管理、合作共建、利益共享的合作新机制。[1]

第四,引导东部地区的优势产业向西部地区转移。东西部省市之间可以跨区域共建产业园区,探索"飞地经济"等模式。

第五,加强西北地区与西南地区合作互动。促进重庆、成都、西安等中心城市之间,以及西部地区的城市群之间加强互动,实现协同发展。[2]

第六,扩大东西部协作主体。在东西部政府之间协作的基础上,引导企业、高校以及其他社会力量积极参与东西部协作,深化东西部之间的要素流动、人才交流和企业合作。积极探索"东部企业+西部资源""东部市场+西部产品""东部研发+西部制造"等东西部协作方式。[3]

第七,扩展东西部协作领域。东西部之间不仅要开展经济协作,而且要扩展到西部地区的教育、文化、医疗卫生事业以及社会治理能力等方面,全方位提升西部地区的发展水平。[4]

(二)完善对口支援

对口支援政策在我国经历了数十年的发展演进。早在1979年召开的全国边防工作会议上,中央就决定组织东部省(直辖市)对口支援少数民族地区,确定由北京支援内蒙古,河北支援贵州,江苏支援广西、新疆,山东支援青海,天津支援甘肃,上海支援云南、宁夏,全国支援西藏。1984年中央召开第二次西藏工作座谈会,正式启动全国对口援藏工作。[5]1996年,中央决定开展全国对口援疆工作。2010年中央召开第五

---

[1] 参见《中共中央国务院关于建立更加有效的区域协调发展新机制的意见》,人民出版社2018年版,第9—10页。
[2] 参见《中共中央国务院关于新时代推进西部大开发形成新格局的指导意见》,人民出版社2020年版,第12—13页。
[3] 参见李佐军、黄金:《创新东西部协作机制,推进西部地区乡村振兴》,《重庆理工大学学报(社会科学)》2021年第12期。
[4] 参见吴国宝:《东西部扶贫协作困境及其破解》,《改革》2017年第8期。
[5] 参见李天华:《中国民族地区对口支援的政策演变及展望》,《现代经济信息》2018年第23期。

次西藏工作座谈会,确定由北京、天津、上海、江苏、浙江、山东6个省(直辖市)对口支援青海省藏民聚居区。党的十八大以来,除了继续大力实施对口援疆、对口援藏,国务院办公厅于2014年印发《发达省(市)对口支援四川云南甘肃省藏区经济社会发展工作方案》,确定由天津、上海、浙江、广东对口支援四川、云南、甘肃三省的4个藏族自治州和2个藏族自治县。[1] 至此,新疆、西藏和四省藏民聚居区全部纳入对口支援范围。在对口支援机制的引导下,发达省(直辖市)支援新疆、西藏和四省藏区培育特色优势产业,加强基础设施建设,提升公共服务供给水平,加强生态环境保护,深化民族间地区间交流,这对于推动新疆、西藏和四省藏民聚居区打赢脱贫攻坚战发挥了重要作用。

新时代推动西部地区繁荣发展和共同富裕,仍需坚持和完善对口支援机制。一方面,全方位拓展对口支援领域,提高对口支援精准度,推动新疆、西藏和青海、四川、云南、甘肃四省藏民聚居区的经济社会持续健康发展;另一方面,进一步完善和规范对口支援规划的编制实施及评估调整机制,提升对口支援的制度化、规范化水平,推动对口支援向更深层次、更高质量、更可持续的方向发展。[2]

(三)健全区际利益补偿机制

我国从21世纪初开始探索建立生态补偿机制,经过10多年发展完善,这一机制在实践中取得积极成效。2005年10月,党的十六届五中全会《关于制定国民经济和社会发展第十一个五年规划的建议》提出,按照谁开发谁保护、谁受益谁补偿的原则,加快建立生态补偿机制,由此正式拉开了我

---

1 参见《国务院办公厅关于印发发达省(市)对口支援四川云南甘肃省藏区经济社会发展工作方案的通知》,《中华人民共和国国务院公报》2014年第25期。

2 参见《中共中央国务院关于建立更加有效的区域协调发展新机制的意见》,人民出版社2018年版,第11—12页。

国探索建立生态补偿机制的序幕。2012年11月，党的十八大要求建立反映市场供求和资源稀缺程度、体现生态价值和代际补偿的资源有偿使用制度及生态补偿制度。在今后的发展中，为实现区域间共同富裕，需要进一步健全区际利益补偿机制。

生态补偿机制　　2016年，国务院办公厅发布《关于健全生态保护补偿机制的意见》，针对生态保护补偿范围偏小、标准偏低，保护者和受益者良性互动的体制机制不完善的问题，提出目标任务如下：到2020年，实现森林、草原、湿地、荒漠、海洋、水流、耕地等重点领域和禁止开发区域、重点生态功能区等重要区域生态保护补偿全覆盖，补偿水平与经济社会发展状况相适应，跨地区、跨流域补偿试点示范取得明显进展，多元化补偿机制初步建立，基本建立符合我国国情的生态保护补偿制度体系。2016年12月，财政部、国家发展和改革委员会、环境保护部（今生态保护部）、水利部等四部委联合发布《关于加快建立流域上下游横向生态保护补偿机制的指导意见》，提出加快形成"成本共担、效益共享、合作共治"的流域保护和治理长效机制，使得保护自然资源、提供良好生态产品的地区得到合理补偿，促进流域生态环境质量不断改善。2021年9月，中共中央办公厅、国务院办公厅印发《关于深化生态保护补偿制度改革的意见》，提出加快健全有效市场和有为政府更好结合、分类补偿与综合补偿统筹兼顾、纵向补偿与横向补偿协调推进、强化激励与硬化约束协同发力的生态保护补偿制度。要推动西部地区在保护生态环境的同时增加居民收入水平，需要从纵向生态补偿和横向生态补偿两方面着力，激发广大西部地区尤其是重点生态功能区保护生态环境、提供良好生态产品的积极性。一方面，中央加大对西部地区的纵向补偿力度。对青藏高原、南水北调水源地、秦岭等生态功能重要性突出地区，中央要适当增加转移支付规模。建立健全以国家公园为主体的自然保护地体系生态保护补偿机制，根据自然保护地规模和管护成效加大生态保护补偿力度。另一方面，健全横向生态补偿机制。中央要引导鼓励生态受益地区与生态保护地区、流域下游与流域上游通过资金补偿、对口协作、产业转移、人才培训、共建园区等方式建立横向补偿关系，尤其是建立健全省域之间横向生态补偿机制。[1]

资源输出输入地之间的利益补偿机制

西部地区自然资源富集，作为资源输出地，西部长期以来通过西气东输、西电东送等方式，以相对低廉的价格为东中部地区输送了大量资源。但由于缺乏有效的利益补偿，西部的一些资源输出地出现了"资源诅咒"现象，资源枯竭之后不仅经济发展停滞，而且生态环境遭到严重破坏。在此背景下，完善资源输出地与输入地之间的利益补偿机制，不仅有利于西部资源输出地的居民更多分享资源开采的利益，而且有利于资源开采的外部成本内部化，实现西部地区经济社会可持续发展与生态环境保护兼顾。[2]

完善资源输出地与输入地之间的利益补偿机制，应从以下两方面着力。一方面，围绕煤炭、石油、天然气、水能、风能、太阳能以及其他矿产等重要资源，坚持市场导向和政府调控相结合，加快完善有利于资源集约节约利用和可持续发展的资源价格形成机制，确保资源价格能够涵盖开采成本以及生态修复和环境治理等成本。另一方面，鼓励资源输入地通过共建园区、产业合作、飞地经济等形式，支持资源输

---

[1] 参见《中共中央国务院关于建立更加有效的区域协调发展新机制的意见》，人民出版社2018年版，第12—13页。
[2] 参见邢天添：《西部地区资源开发补偿机制优化研究》，《中央财经大学学报》2011年第1期。

出地发展接续产业和替代产业,[1]推动资源输出地在资源枯竭之前逐步实现经济转型发展。例如:资源输出地云南与资源输入地广东依托双方优势,合作在云南昭通建设滇粤产业园,取得了良好的经济社会效益。

建立区域均衡的财政转移支付制度

西部大开发以来,中央财政不断加大对西部地区的转移支付规模,极大地充实了西部地区的财力。[2]相关数据显示,2000—2008年,中央财政对西部地区转移支付累计达30338亿元,占中央对地方转移支付总额的43.6%。[3]中央对西部地区的持续大规模转移支付,对于西部地区的特色优势产业发展、居民收入水平提升、基础设施建设、公共服务供给和生态环境保护发挥了不可替代的重要作用。

新时代西部地区的繁荣发展和共同富裕,依然离不开中央政府的财政转移支付,尤其需要建立区域均衡的财政转移支付制度,推动实现基本公共服务均等化。

第一,中央财政在一般性转移支付和各领域专项转移支付分配中,继续通过加大资金分配系数、提高补助标准或降低地方财政投入比例等方式,对西部地区实行差别化补助,加大倾斜支持力度。

第二,中央财政继续加大对重点生态功能区的转移支付力度。

第三,考虑西部地区普遍财力较为薄弱的实际,加大地方政府债券对基础设施建设的支持力度。[4]

第四,中央在增强西部地区自我发展能力的基础上,把常住人口人均财政支出差异控制在合理区间。

第五,省级政府通过调整收入划分、加大转移支付力度,增强所辖区域内各级政府的区域协调发展经费保障能力。[5]

---

[1] 参见《中共中央国务院关于建立更加有效的区域协调发展新机制的意见》,人民出版社2018年版,第13—14页。

[2] 参见靳友雯:《财政转移支付推动西部地区社会均衡发展成效分析》,《重庆大学学报》(社会科学版)2018年第2期。

[3] 数据来源于《中央财政不断加大对西部地区的转移支付规模》,中央政府门户网站,http://www.gov.cn/jrzg/2009-11/25/content_1472373.htm。

[4] 参见《中共中央国务院关于新时代推进西部大开发形成新格局的指导意见》,人民出版社2020年版,第21—22页。

[5] 参见《中共中央国务院关于建立更加有效的区域协调发展新机制的意见》,人民出版社2018年版,第16—17页。

青年兴则国家兴，青年强则国家强。在共同富裕的道路上，青年群体可以发挥什么样的独特作用？青年群体永远是社会建设的主力军，是推动社会创新和社会变革的中坚力量。青年群体具有鲜明的时代特征，节奏快速、网络生活、圈层消费是他们的整体性标签。青年仍保有奋斗精神，也追求小而确定的幸福。青年的就业挑战与发展机遇并存，青年农民工、体制内白领、公司白领……各有自己的追求和面临的问题。青年群体是共同富裕的生力军，是扩大中等收入群体的主要来源之一。要发挥好青年群体作为建设者和奉献者的积极作用，就要帮助他们减轻他们所面临的职业上、生活上、思想上的压力。对社会来说，要通过理解、引导和服务，缓解他们的后顾之忧，让他们更好地发挥共同富裕生力军的作用。

第六章

青年群体的
共同富裕

习近平总书记在《在庆祝中国共产主义青年团成立100周年大会上的讲话》中指出,"实现中国梦是一场历史接力赛,当代青年要在实现民族复兴的赛道上奋勇争先"。党的二十大指出,"青年强,则国家强。当代中国青年生逢其时,施展才干的舞台无比广阔,实现梦想的前景无比光明。"青年群体是社会建设的主力军,是推动社会创新和社会变革的中坚力量,也是当前扩大中等收入群体目标实现的重要对象。青年群体蕴藏发展潜力,其自身的发展也关系到共同富裕和社会建设目标的实现,广大青年在乡村振兴和建设共同富裕社会的伟大历史实践中大有可为、必有可为。青年群体作为年轻世代,当前网络生活参与规模和参与深度空前,在就业、工作、生活、消费和社会态度上表现出鲜明的时代性特征。以外卖骑手为代表的新业态青年工作者和体制内外的青年白领便是时代经济大潮下青年群体发展的两个主要类型。党和政府应理解和关爱青年群体,同时也应支持和引导青年群体。在共同富裕社会的建设大局中,广大青年群体应当成为勇立潮头的生力军,并在共同富裕的建设过程中切实改善自身的生活处境,通过共同富裕的建设来更好地发展自己,提振全社会的创新创业活力。

一 当代青年的总体特征

与以往相比,当代青年的社会环境发生了巨大的变化,技术的飞速发展、国际环境的多变给青年人的就业和生活带来了巨大压力的同时,也创造了新的机遇和挑战。面对高度竞争、内卷加速的环境,一方面青年人形成了努力奋斗与"躺平"两种截然不同的路径,另一方面这也促进了他们对人生、工作意义的理性思考,追求小而确定的幸福快乐与物质主义、功利主义的社会价值并存。

(一) 当代青年的新特征

根据《中长期青年发展规划(2016—2025年)》,青年是指年龄范围为14~35周岁的群体。在比重上,青年劳动力在全国的劳动力人口中占比最高。第六次人口普查数据显示,青年人口占总人口比例为34.7%,仅次于中年(36.6%)的人口比重;根据2016年中国劳动力动态调查(CLDS),中国劳动力群体中,15~34周岁的劳动力占42.9%。由此可见,在我国实现"两个一百年"奋斗目标、实现中华民族伟大复兴的中国梦的进程中,当代青年群体是劳动力构成的重要群体，是国家经济社会发展的生力军，是我国共同富裕奋斗事业的中坚力量。他们具有如下特征。

青年的就业挑战与发展机遇并存

就业和工作是最大的民生，也是保障青年群体生活质量的基础条件。当下我国青年群体的工作和就业情况仍能够保持基本稳定，但也面临巨大挑战。2021年，全年城镇新增就业1269万人，比上年增加83万人。全年全国城镇调查失业率平均值为5.1%，比上年平均值下降0.5个百分点。[1] 与此同时，高校毕业生人数连年增加，年年都称"史上最难就业季"。2022届高校毕业生规模达1076万人，同比增加167万人，2022年是高校毕业生规模首次超千万，也是近几年增长人数最多的一年。与此同时，社会对毕业生的学历要求越来越高，在应届生求职数量远大于招聘职数的情况下，招聘单位会不断抬高门槛，比如提高求职毕业生的学历水平、毕业学校的"等次"等，以达到好中选优的筛选人才的目的。名校博士、硕士毕业生到基层竞聘城管、环卫工人、社工的新闻时有发生，这被视为人才的"内卷"。对于本科毕业生，"考研"成为一条可选的出路，不管自己是否真的适合或喜欢。"考研热"是青年学子就业难的一个典型表现。研究显示，2020年新冠肺炎疫情暴发后的4个月内，我国国内调查的失业率上升，其影响在下半年有所趋缓。[2] 新冠肺炎疫情对我国制造业和服务业的经济活动均造成不利冲击，[3] 青年人的就业形势更不容乐观。

与此同时，网络经济造就的新业态也给青年带来就业新态势，这有助于缓解青年的就业压力。数字化、信息化技术的加速迭代，推动了新的生产模式和分工，各类新就业形态已经成为青年劳动者的重要就业选择，并带来了一系列重要变化。[4] 互联网平台经济已成为新的生产力组织方式，在实现资源优化配置的同

---

1 《2021年国民经济持续恢复 发展预期目标较好完成》，国家统计局，2022-01-17，http://www.stats.gov.cn/tjsj/zxfb/202201/t20220117_1826404.html。

2 参见蔡昉、张丹丹、刘雅玄：《新冠肺炎疫情对中国劳动力市场的影响——基于个体追踪调查的全面分析》，《经济研究》2021年第2期。

3 参见沈国兵、徐源晗、袁征宇：《新冠（肺炎）疫情全球蔓延对我国就业的影响及机制分析》，《经济问题探索》2021年第12期。

4 参见汪永涛：《平台经济下的青年就业新形态及其权益保障》，《中国青年研究》2021年第4期。

时,创造了大量新的工作岗位。应把握好网络新技术带来的发展机遇,妥善解决青年就业难择业难问题,助力共同富裕的实现。

青年的日常生活与网络生活交错

当代青年群体在生活上也呈现出一些明显的时代性特征。

首先,青年群体面临较快的生活节奏,工作和生活面临较大的压力。当代社会的快速发展为职业青年带来职业发展机遇的同时,也带来了极大的工作压力。有研究表明,职业青年人常常面对高负荷的工作,加班成为一种文化现象,青年群体的工作压力和家庭矛盾常常交织在一起,抑制着青年人的生活幸福感。[1]

其次,青年群体的网络生活参与规模和参与深度空前。网络生活已经成为青年群体的一种生活方式,网络生活与现实生活相互交叉、相互影响。截至2020年11月,中国"Z世代"(指在1995—2009年间出生的人)活跃网络用户规模已经达到3.2亿,占全体移动网民的28.1%;具备线上消费能力的用户(每月200元以上)中青年人占比达到了74.5%,线上消费意愿较高(中高层)人群中青年人占比达到了82.3%。[2] 青年群体日常生活的网络化已然成为崭新的趋势。

青年的乐趣消费与圈层消费突出

青年的心是好奇而活跃的,消费对于常处在焦虑与奋斗矛盾间的青年人来说是一种自我调节的常用手段。调研数据显示,获得乐趣是83.75%的青年一代在消费时考虑的主要因素,且在所有消费目的中位列第一。这说明青年一代已经不满足于实用目的的基本生活消费,取悦自己成为青年一代消费的第一动力,以消遣娱乐为主要内容的体验式消费迅速成为青年消费结构的重要部分。调研数据显示,69.91%的青年每个季度至少进行一次观影、旅游等体验式消费,而在体验

---

[1] 参见贾子若、吴祖平:《职业青年工作压力及应对方式研究》,《北京青年研究》2021年第6期。

[2] 参见王水雄:《中国"Z世代"青年群体观察》,《人民论坛》2021年第25期;汪永涛:《Z世代亚文化消费的逻辑》,《中国青年研究》2021年第11期。

式消费过程中，享受消费成为青年一代最重视的因素，占比达72.12%。[1]

此外，青年人还通过"人设消费"与圈层消费满足社交需求。青年人在社交中愿意展示自己的人设，在消费中也看重品牌人设。对于他们来说，品牌不只是商品品质的担保，更是拥有特定"人格"的主体。通过人设消费和圈层消费，青年人在人群中迅速发现并结交与自己有共同兴趣、爱好、价值观的人，划分出属于自己的圈层，并在圈层中展现出旺盛的购买力。与此同时，圈层中不同人群的爱好者之间是存在区隔的，并且形成了一条所谓的"鄙视链"。站在"鄙视链"最高端的是金钱，即谁消费水平最高谁就最有地位，不少人力图通过炫耀式消费来实现自我认知和圈层融入。很多青年人被炫耀式消费带来的虚幻快感和美好想象裹挟，攀比消费等助长了所谓"先花后挣"的享乐主义消费观，信贷消费成为一种新的消费方式。值得注意的是，由于青年群体缺乏经济累积，也缺乏社会经验，非法信贷消费将带来很大的经济风险。[2]

（二）当代青年的社会态度和价值观

如费孝通所言，"假如一个人要知道任何民族的将来，不是从这一个民族的历史中去搜讨，也不在这一个民族的过去中去搜讨的，只有在现在人民的态度，尤其是应该在青年的态度中去搜讨"[3]。随着改革开放的推进，信息技术在国内得到迅速发展和普及，文化也呈现多元化和开放性的发展趋势，青年人的社会态度和价值观随之趋于多样化。

---

[1] 中国传媒大学课题组对1200名"Z世代"年轻人进行了问卷调查，并通过座谈会、深度访谈、文化活动现场调研等形式，系统梳理了"Z世代"的群体特征、消费行为。

[2] 参见朱迪：《当代大学生的信贷消费与"校园贷"风险》，《青年研究》2019年第6期。

[3] 费孝通：《社会学家派克教授论中国》，《费孝通全集》第1卷，内蒙古人民出版社2009年版，第135—136页。

追求小而确定的幸福与奋斗精神并存

根据 2017 年《中国大学生就业、生活及价值观调查》的数据,[1]超过 80% 的大学生都赞同幸福的人生需要亲情和朋友的陪伴,生活和做事情要依照自己的想法来,生活要有一定的自主性。知识和思想上的提高以及帮助别人、服务社会成为青年群体崇尚的价值取向,充满"小确幸"的生活状态受到大多数青年群体的追捧,开心和幸福的价值得到青年人的重视。与此同时,该调查数据显示,仅有不到 50% 的大学生赞同"成功要趁早""有很多钱和贵重物品才会幸福"等功利性价值取向。由此可见,当前面对剧烈社会变迁和日新月异的社会发展,快节奏生活中的青年人逐渐摒弃了传统的功利哲学,转而将感受每一天的幸福作为自己的生活价值取向。同样,该项调查显示,在青年群体追求"小确幸"的生活的同时,一种强调努力工作和增长才能的成功观依旧得到青年人的认可。青年人更强调自身努力和后致性的发展机会,认为应当通过个人才能和努力获得事业成功,这种成功观体现出青年群体积极昂扬的生活态度和奋斗精神,这种精神正是共同富裕社会建设不可或缺的。

---

[1] "中国大学生追踪调查"由中国社会科学院社会学研究所和中国教育发展智库主持实施,以全国范围内的在校大学生及毕业生为调查对象,采用了多阶段混合抽样的方法,把"学校—专业—班级"作为三个层次的抽样单元进行抽样。此处使用的是 2017 年调查,调查样本为 17 所院校,包括了 4 所双一流/985 大学,5 所非双一流/985 本科院校和 8 所高职院校,约有 15000 个有效样本。

"躺平"是青年面对压力的一种选择

面对就业难、职场竞争以及多种生活压力,也有一种较为负面的社会情绪在青年中兴起,其中以"躺平"为典型代表。"躺平"这一情绪自网络空间扩散到社会生活中,成为一部分当代青年人模仿和吹捧的行为态度,它以顺从、佛系、低欲望为情绪特征,以自娱自乐、自嘲自解为表达方式,以逃避现实、随波逐流为行为准则,以"内卷无理由""躺平即正义"为价值依据,在社会上形成了一股"躺平"热潮。"躺平"既是出于现实压力,更是受到青年人对现实压力认识的直接影响。关于青年应该"躺平"还是奋斗,目前形成了三种不同的意见。

第一种观点赞同青年人"躺平"的选择，认为选择"躺平"就是一种生活态度，它打破了优胜劣汰的追赶枷锁，让青年人在心理上和身体上得到放松，避免低水平趋同、重复的内耗，是一种有意义的生活选择。[1] 第二种观点则与之针锋相对，认为作为一种新兴的文化现象，"躺平"是"丧文化"进一步发展的结果，本质上是一种青年亚文化，"躺平"背后，反映出青年人群体性社会焦虑以及随处可见的挫败感和失落感。同时，"躺平"行为反映的是一种消极的逃避方式。[2] 第三种观点则将"躺平"视为一种应对内卷和社会压力的策略，超越了二者的对立，认为"躺平"不意味着年轻人拒绝奋斗，更不意味着堕落，而是以一种缓和的姿态应对工作、生活中的"内卷"。[3]

中国经济发展的巨大成就也为多元化的生活方式创造了更多条件，提供了更多选择。世界价值观调查显示（见图6-1），从2001年到2018年，中国18～30岁青年越来越多地认同"未来，工作的重要性降低是好事"，选择同意的比例从2001年的18.41%上升到2018年的23.45%，而对于"即使意味着减少休闲时间，工作也应该放在第一位"的认同度在下降，选择同意或者非常同意的比例从2001年的73.49%下降到2007年的57.05%，2018年回升至71.47%但也低于2001年的水平。青年对于"工作是对社会的责任"从2001年的76%上升到2018年的78%，虽然增长幅度很小，但始终居于高位。青年对于"不工作会变懒"的认可度从2001年的82%下降到2007年的74%，随后于2018年上升到86%。图中的趋势也显示，相对于日本、美国、德国，我国青年仍然强调工作的重要性，对工作抱有极高的责任伦理。也就是说，就目前的状况而言，"躺

---

[1] 参见缪笛：《"佛系青年"现象生成逻辑与引导研究》，《中国青年研究》2019年第9期；胡静：《"躺平"现象：现实困境、异化逻辑及纾解路径》，《湖北行政学院学报》2021年第5期；林龙飞、高延雷：《"躺平青年"：一个结构性困境的解释》，《中国青年研究》2021年第10期。

[2] 参见胡静：《"躺平"现象：现实困境、异化逻辑及纾解路径》，《湖北行政学院学报》2021年第5期。

[3] 参见张颐武：《"躺平"可以理解，但需要超越》，《民主》2021年第9期。

平"的热潮仍然主要是人们的情感宣泄,是人们对社会生活中压力和不满情绪的释放,但在实际行动层面上,大多数青年还是选择了直面社会压力、积极行动,在生活压力中继续工作,而非轻言放弃。

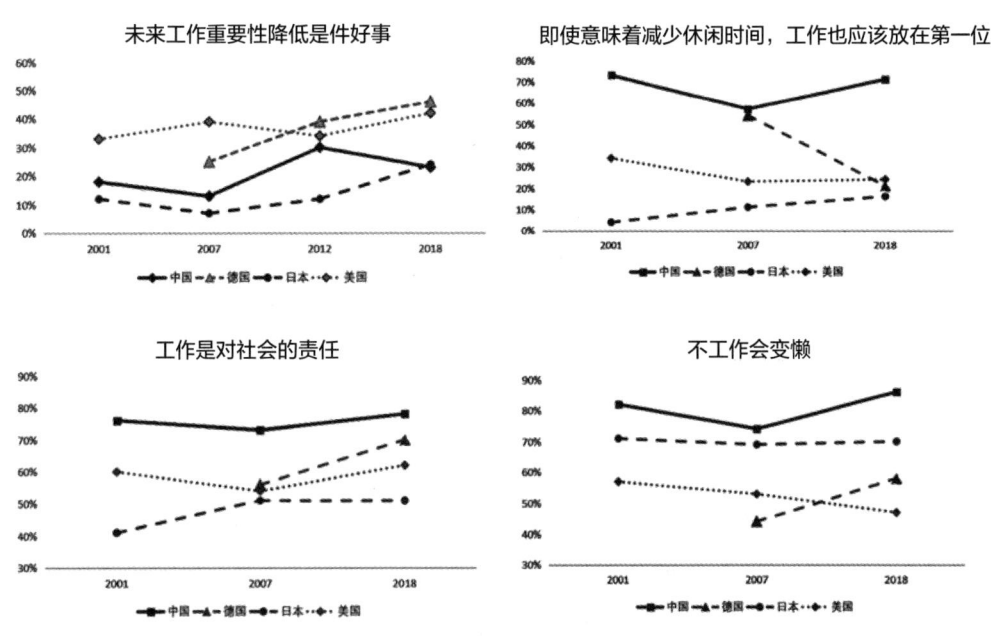

图6-1 中国、德国、日本和美国18~30岁人群的价值观比较

数据来源:世界价值观调查。

二

青年农民工

在推动共同富裕中,青年农民工的成长和发展问题也应受到重视。依照前述关于青年群体的定义,青年农民工是指那些农民工群体(主要从事非农工作的农业户籍人员)中16~34周岁的年轻人。根据国家统计局发布的《2020年农民工监测调查报告》[1],2020年末,全国农民工总量达2.9亿人,较2019年总体规模缩小。其中,16~30岁的农民工占比22.7%,31~40岁的农民工占比26.7%,41~50岁的农民工占比24.2%,50岁以上的农民工占比26.4%。根据农民工监测调查报告,青年农民工群体规模呈缩小趋势,从2009年到2020年,16~30岁的农民工占比大幅下降,从2009年的61.6%下降到2020年的22.7%,31~40岁的农民工从2009年的22.3%增长到2020年的26.7%,40岁以上的农民工从2009年的16.1%增长到2020年的50.6%,涨幅最大。与此同时,青年农民工的受教育程度显著提高。《2020年农民工监测调查报告》显示,在全部农民工中,未上过学的占1%,小学文化程度的占14.7%,初中文化程度的占55.4%,高中文化程度的占16.7%,大专及以上的占12.2%。而根据《2020年

---

[1]《2020年农民工监测调查报告》,国家统计局,2021-04-30,http://www.stats.gov.cn/tjsj/zxfb/202104/t20210430_1816933.html。国家统计局2008年建立农民工监测调查制度,在农民工输出地开展监测调查。调查范围是全国31个省(自治区、直辖市)的农村地域,在1587个调查县(区)抽选了8488个村和22.6万名农村劳动力作为调查样本。采用入户访问调查的形式,按季度进行调查。

北京市外来新生代农民工监测报告》[1]，在北京外来新生代农民工[2]中，大学本科及以上学历占比为21.2%。

（一）青年农民工追求物质精神享受

从就业和工作情况来看，青年农民工以从事服务业为主，自营农民工收入较高。在2020年北京市外来青年农民工中，就业集中于劳动密集型行业，从事信息传输、软件和信息技术服务业的新生代农民工占比大幅提高，调查样本中，2020年青年农民工就业人数前五位的行业依次为居民服务、修理和其他服务业，制造业，建筑业，批发和零售业，住宿和餐饮业，占67.2%。调查样本中，青年农民工月均收入6214元，比上年增加364元，增长6.2%。青年农民工总体收入高，但内部不同行业之间差异很大。自营就业的青年农民工月均收入6716元，比务工就业人员高568元；自营就业的青年农民工平均每周工作6.5天，每天工作9.5小时，分别比其他务工就业人员多0.9天和0.7小时。自营就业的青年农民工收入高，同时工作压力也很大。从生活和消费状况来看，青年农民工体现出新生代青年人的一些共同消费特征。北京市外来青年农民工消费支出更偏重于衣着及教育文化娱乐方面，业余生活更注重休息和自我提升，"90后"农民工业余时间的主要活动排在前三位的依旧是上网、休息和朋友聚会。

（二）新业态中青年农民工收入较高但福利保障水平较低

随着互联网平台经济的发展，外卖骑手快速崛起，其中很大一部分属于青年农民工群体。综合使用全国新职业青年调查[3]、2019

---

[1] 《2020年北京市外来新生代农民工监测报告》，北京市统计局，2021-07-02，tjj.beijing.gov.cn/zxfbu/202107/t20210702_2427422.html。

[2] 外来新生代农民工：出生于20世纪80年代以后，年龄在16周岁及以上，在异地以非农就业为主的农业户籍人口。

[3] 该调查由共青团中央维护青少年权益部、中国社会科学院社会学研究所共同组织实施，这是我国第一个关于新业态新职业群体的跨地区、跨职业、跨平台的全国性调查。调查对象是18~45岁以新职业为主要职业的人群，来自全国31个省（自治区、直辖市），调查时间是2020年10月，通过腾讯问卷平台发放，经过数据清理后，共获得有效样本11495个，其中，网约配送员（文中也简称"骑手"）样本为6196个。

年中国社会状况综合调查（CSS2019）[1]中的青年务工者数据和国家统计局《2020年农民工监测调查报告》，我们可以看出，以骑手为代表的新业态农民工区别于农民工总体的一些特征。

第一，青年骑手[2]与青年务工者[3]中农业户籍占比均在七成左右。青年骑手呈现明显的年轻化特征，比青年务工者平均年龄小近5岁。青年骑手的平均年龄为29.9岁，其中18~20岁骑手占比5.4%，21~30岁骑手占比51.0%，31~40岁占比37.1%，41~45岁骑手占比6.5%。从中可见，青年骑手要比青年务工者平均年龄更小，群体更加年轻化。

第二，青年骑手相对青年务工者受教育程度更高，七成以上为高中及以上学历。《2020年农民工监测调查报告》显示，农民工中受教育程度为小学及以下的占比15.7%，初中占比55.4%，高中占比16.7%，大专及以上占比12.2%。由于农民工调查是全年龄段，受教育程度受代际和年龄影响，要低于青年群体。青年务工者中超过一半为初中及以下学历。可见，青年骑手的整体受教育程度更高。

第三，青年骑手收入高于农民工总体水平，但是社会保障水平较低。青年骑手的月均收入5079.6元，中位数为5000元。《2020年农民工监测调查报告》显示，农民工月均收入4072元。从月平均收入来讲，青年骑手的收入水平要高于全国农民工水平。但青年骑

---

[1] 中国社会状况综合调查（Chinese social survey，简称CSS），由中国社会科学院社会学研究所组织实施，该调查是双年度的纵贯调查，采用概率抽样的入户访问方式，调查区域覆盖了全国31个省（自治区、直辖市），包括了151个区市县的604个村/居，每次调查访问10000余个家庭，调查对象为18~69周岁的中国公民。本报告从2019年数据中选取18~45周岁、调查时在城镇地区工作、以"商业工作人员""服务业工作人员""农、林、牧、渔、水利生产人员""生产工人、运输工人和有关人员"为主要职业的样本，有效样本1021个。

[2] "青年骑手"定义为18~45周岁，从事骑手工作的人群，分析的数据来源是2020年全国新职业青年调查。

[3] 青年务工者定义为18~45周岁，在城镇地区工作，从事商业、服务业、产业工人和农业工人职业的人群，分析的数据来源是2019年中国社会状况综合调查（CSS2019）。

手社会保障拥有率低于青年务工者，尤其体现在养老和医疗方面。不管是社会保障或商业保险，24.9%的青年骑手没有任何社会保障或商业保险，而只有15.9%的青年务工者没有任何社会保障，尤其在较重要的养老和医疗保险上，青年务工者的拥有率高于青年骑手20多个百分点。

第四，青年骑手工作强度高于青年务工者，工作满意度略高。青年骑手平均每周工作6.4天，平均每天工作9.8小时；青年务工者平均每周工作5.8天，平均每天工作9.1小时。在1~10分的满意度评分中，青年骑手的总体工作满意度均值为7.14分，中位值为8.0分；青年务工者总体工作满意度均值为6.88分，中位值为7.0分。青年骑手的工作满意度略高于青年务工者，主要原因在于较强的就业灵活性。

第五，青年骑手和青年务工者的生活压力集中在收入、住房和子女教育，骑手的健康压力较大。青年骑手个人和家庭所面临的生活压力最大的四个方面是：自己或家庭收入低（42.0%）、住房困难（33.3%）、子女教育（29.5%）、自己或家人的健康问题（25.0%），此外，选择没有生活压力的比例为2.8%。青年务工者个人和家庭所面临的生活压力最大的四个方面是：物价上涨，影响生活水平（51.0%）；家庭收入低，日常生活困难（35.2%）；住房条件差，建不起或买不起房（34.2%）；子女教育费用高，难以承受（31.5%）。此外，选择没有生活压力的比例为20.0%。对比可见，青年务工者中没有生活压力的比例要远高于青年骑手，两个群体的生活压力都主要集中在收入、住房和子女教育方面，不同的是，青年骑手在自己或家人的健康问题上压力更加突出。无论从满足消费需求还是提高民生保障的角度，青年骑手和青年务工者都是扩大消费的主力人群，他们不仅有生存和生活多方面的消费需求，也有改善生活、消费升级等更高的消费需求。

第六，相对青年务工者，青年骑手的社会经济地位自评较低。在目前社会经济地位评价上，青年骑手中有32.6%自评属于中层，整体占比要低于青年务工者，后者为38.3%；在5年之后的社会经济地位自评指标上也是如此，青年骑手的地位评价较低。在未来5年的社会经济地位评价上，相较于青年务工者有55.9%认为会向上流动，青年骑手则低了6.4个百分点，为49.5%。可见，相对于青年务工者，青年骑手对当前和未来的社会经济地位评价都偏低，这主要与骑手职业较低的社会认可度与就业不稳定性有关。

三

白领青年

不同于主要从事体力劳动的青年农民工群体,白领青年群体以从事非体力劳动为主要特征,通常代表薪水较多的专业人士,这部分群体也是构成青年的主要群体。一般来说,这类人具有较好的教育背景、体面的工作和较为稳定的收入。在今天的中国,白领主要指企业白领、机关事业单位的职员等。白领代表的是一种生活形态、生活方式,[1]包括体面的工作和收入、现代化的生活设施和工作环境、时尚潮流的生活追求等等。因而,白领群体也是主要的中产人群。及时关注城市白领青年的思想状况,了解他们的追求和利益,引导其树立积极正确的价值观念,为其创造公平有序的生活工作环境,使其能够为社会发展和共同富裕作出应有的贡献。[2]本部分将以体制内的公务员和事业编制人员以及体制外的公司白领等为例,讨论白领青年的主要特征。

(一)体制内白领青年

作为政府和国家机关工作人员,公务员在我国具有很高

---

[1] 参见徐赣丽:《中产阶级生活方式:都市民俗学新课题》,《民俗研究》2017年第4期。
[2] 参见李路路:《城市青年白领有着什么样的精神风貌》,《人民论坛》2018年第22期。

的职业地位，长期受到择业青年的青睐。近些年在高校毕业生人数激增的情况下，公务员招考增加了许多限制条件，公务员群体的主要人才来源是全国各大高校的应届毕业生，这些应届毕业生是我国青年群体的重要组成部分，也是共同富裕建设的中坚力量。

青年热衷体制内的工作机会

我国公务员数量从1978年的467万人增长到2015年的1637万人，年均增幅3.4%。公务员占人口比重由1978年的0.49%增加到2015年的1.19%，相对规模提高了70%。[1] 可以看出，虽然我国公务员规模的绝对量在不断增加，但增长速度较慢，增加的相对量不大，公务员占人口的比重也始终维持在1%左右。[2] 受当前经济形势和新冠肺炎疫情的影响，缺乏社会经验的青年群体（主要指高校应届毕业生）越来越意识到了在企业工作可能要面临的加班文化、996超时劳动和裁员风险，以及体制内工作稳定性带来的长期性好处，越来越多的年轻人加入考公的队伍中，考公渐成热潮。2022年，国家公务员考试有212.3万人报考，通过资格审查人数与录用计划数之比为68∶1。报考者基本上都是高校毕业的应届生，都是我国高等教育培养出来的优秀青年人才。[3] 这种追捧与公务员岗位的特征有关。公务员和事业编制人员有其工作的优越性，被认为是这个社会最理想的工作。当然，更重要的背景是当前国内就业形势的严峻性。当前我国市场岗位的缺乏和激烈竞争、高等教育普及化和高学历人才不断"贬值"，使得青年群体在就业市场上面临一些困境，"找工作难"和"毕业即失业"成为当下青年人的真实写照。而且新生代大学毕业生或新生代白领就业后其地位上升遇到了明显的体制机制障碍，年轻一代职业白领群体中有较大一部分遇到发展障碍、无法顺利获得中产

---

[1] 根据历年《中国统计年鉴》测算。注：2002年以前（包括2002年）公务员统计口径为"国家机关、政党机关和社会团体"，2003年以后的统计口径为"公共管理和社会组织"。李帆、樊轶侠：《中国政府公务人员规模与结构研究：基于国际比较视角》，《国家行政学院学报》2017年第6期。

[2] 参见李帆、樊轶侠：《中国政府公务人员规模与结构研究：基于国际比较视角》，《国家行政学院学报》2017年第6期。

[3] 数据来自国家公务员局"中央机关及其直属机构2022年度公务员招考网上报名和资格审查工作结束"，http://bm.scs.gov.cn/pp/gkweb/core/web/ui/business/article/articledetail.html?ArticleId=8a81f6d07cad098b017cbc9118b65e8d&id=0000000062b7b2b60162bccd55ec0006&eid=0000000062b7b2b60162bccdd5860007。

地位。[1]

体制内青年面临较高压力

公务员和事业编制人员这个群体在中国社会文化中享有较高的职业声誉和职业地位，但实际上，公务员群体面临的工作压力问题也不小，并由此带来的心理压力和焦虑情绪也值得关注。如在《心理健康蓝皮书：中国国民心理健康发展报告（2017—2018）》中提到，公务员群体整体上心理健康水平良好，但仍有5%的人焦虑水平比较高，5.5%的人抑郁水平比较高，10.2%的人压力水平比较高；处于中高等焦虑、抑郁和压力水平的比例分别达到35.2%、33.2%和52.2%。从年龄上看，26～40岁年龄段的公务员感受到的压力最大，其工作满意度水平最低。随着年龄增长，公务员生活满意度水平则会随之提升。可见，年轻公务员由于刚入职或处于职业发展上升期需要努力奋斗，工作压力较大，这种压力和焦虑随着时间的推移而逐渐缓解，但在这一过程中也存在切实可见的工作压力和焦虑问题、离职问题等。[2] 因此，青年公务员的工作压力和职业焦虑情绪值得关注，应当设法提升公务员的整体素质和心理健康水平。

（二）体制外白领青年

体制外公司白领主要包括各类公司中的办事人员、管理人员、技术人员等脑力工作者。作为中产阶层的重要组成部分，公司白领尤其是青年白领有着自己独特的生活方式和工作节奏。公司青年白领对自己未来的发展怀抱较高的期待，非常看重职业发展机会和成长空间，他们希望从事的工作既是自己感兴趣的又能符合自己的职业发展方向，同时还富有

---

[1] 参见李强、丁辉文：《"新生代白领"进入中产阶层的体制机制障碍——某特大城市高科技园区白领阶层案例研究》，《河北学刊》2018年第5期。

[2] 参见吕红娟：《现代社会公务员心理服务体系的构建与实施路径》，《南京社会科学》2020年第9期；陈秀梅：《基层公务员工作压力与心理健康——评〈基层公务员心理状况实证研究〉》，《社会科学家》2021年第8期。

挑战性。青年白领往往更乐于在一个自主、灵活的工作环境中，进行自我引导、自我管理、自我监督和自我约束，以便于更具张力地安排并完成自己的工作。[1]

公司白领工作受疫情影响较大

公司白领的工作满意度受疫情影响而有所波动，智联招聘发布的《2021年白领满意度指数调研报告》[2]显示，2021年中国白领工作满意度指数为2.91（满意度范围为-1到5），与2019年（2.38）和2020年（2.36）的数据对比发现，白领工作满意度连续两年下降，但在2021年迎来触底反弹。其中，女性、青年白领的总体工作满意度较高。从分项指标来看，白领对薪酬、职位晋升、学习培训、人际关系的满意度都在提高；从行业来看，IT、通信、电子、互联网行业白领工作满意度最高，达到3.14，高于2020年的2.52；从岗位来看，研发岗位白领总体工作满意度最高，达到3.28，人力资源和市场、公关紧随其后，工作满意度指数分别为3.14和3.13。疫情下的公司白领面临较大的经济风险，许多白领因此开辟了自己的副业。报告显示，受疫情影响，32.1%的白领开始开拓副业，但表示自己"无副业"的白领仍居多，占到67.9%；13.3%的人从事投资理财，此外，还有5.5%的白领从事策划、设计、文案工作，仅有3.1%的白领涉足火爆的直播领域。

健康问题也是公司白领关注的话题，在白领生活中，健康逐渐成为一种生活追求。智联招聘调研数据显示，2021年，亚健康仍然困扰着部分白领，39.1%的白领存在失眠现象，略高于2020年（39%）。此外，颈椎腰椎痛、日常乏力、体重大幅增减、视力衰弱、免疫力低等问题，也困扰着众多白领。

---

1 参见刘红霞：《新生代白领的职业诉求研究——基于中关村科技园区企业新生代白领的调查分析》，《中国青年研究》2013年第1期。
2《智联招聘发布〈2021年白领满意度指数调研报告〉》，https://www.dsb.cn/173420.html。

在不同工作年限的白领中，工作1~3年者心理健康满意度最低，为2.65，低于1年（2.88）和10年以上（2.78）的白领。入职1~3年的青年白领希望做出业绩又存在基础不稳的烦恼，因此精神压力较大，心理健康满意度较低。公司白领休息休假情况不乐观。2021年，35.1%的白领全年无休假，高于2020年的28.9%。其中，工作1年以内的无休白领占比42.5%，高于其他工作年限的白领。初入职场的白领青年放弃休假权利，将热情付诸工作，也是无奈之举。从不同性质的企业来看，外企白领的休假状况满意度为2.85（满意度范围为-1到5），高于国企的2.44、民企的2.39、机关事业单位的2.73。

新中产的生产力和消费趋势

在白领群体中，伴随互联网新经济的发展，逐渐兴起了一个新的群体——新中产阶层，他们更多地分布于大城市和经济发达地区，互联网和信息产业是典型的职业领域，强调职业自主性和尊重感，很大一部分在体制外就业或者自主创业，消费模式和生活方式更加符合典型意义上的中产意识形态。从年龄看，新中产阶层除了具有从事新技术、新业态、新产业以及文化资本较高的特征，还具有较为年轻的特点。[1]

这些新中产阶层在工作、生活和消费方面具有诸多独特之处。互联网的迅速发展催生并壮大了新中产阶层，从职业发展、社会地位获得、收入回报及财富积累的意义上，互联网对于新中产阶层来讲就是生产力。访谈发现，很多新中产阶层的工作离不开互联网及相关技术，而且一部分在互联网领域工作或创业的中产阶层已在更大程度上获得了技术和时代的红利——不仅收入通常高于其他传统行业的中产阶层，而且其工作方式和生活方式也有一些新的特征，例如：在消

---

[1] 参见朱迪：《新中产与新消费——互联网发展背景下的阶层结构转型与生活方式变迁》，社会科学文献出版社2020年版，第61—86页。

费方面出现混合健康文化,"杂食"的品味模式,绿色食品消费和减少肉类消费等可持续消费方式,子女旅游消费和补习班消费,分享经济的参与,知识付费及消费维权,等等。这些消费新趋势反映出该群体更加重视健康和身体,开始关注消费者责任和权利的新消费倾向。

四

发扬当代青年在共同富裕中的重要作用

青年一代是中国当前最年富力强的群体,他们是劳动力大军中的中坚力量,在劳动力市场上是最有竞争力的群体,他们的知识水平、劳动能力、学习能力、创新能力及可塑性都是非常强的,实现共同富裕需要他们的贡献与创造,他们也应收获与其付出相匹配的收入和财富。就共同富裕的建设而言,不仅要求青年群体参加到建设中来,更重要的是要切实地让青年群体共享建设共同富裕的果实,要让青年群体在共同富裕的建设过程中切实改善自身的生活处境,通过共同富裕的建设来减轻青年群体的生活压力,提振青年群体的生活信心。

(一)青年是推进共同富裕的生力军

党的二十大提出,"中国式现代化是全体人民共同富裕的现代化",实现全体人民共同富裕是中国式现代化的本质要求。目前,我国处于经济转型和高质量发展的关键时期,需要全体人民携手共进、努力奋斗,以更好满足人民日益增长的美好生活需要,最终要实现全体人民共同富裕。作为劳动力构成中的主体,青年群体在共同富裕的建设中担负着更为重要的责任。

与此同时，在参与建设共同富裕的过程中，青年群体也面临着一些现实问题和挑战。从特征上来讲，青年劳动力是结构性差别非常大的群体，这种差异带来的不均衡性后果影响着共同富裕的实现。在就业方面，我国当前劳动力市场存在着性别歧视、年龄歧视、学历歧视、地域歧视等问题，阻碍了青年的成长发展。在生活方面，青年群体面临的住房、医疗、子女教育、赡养父母等负担过重，导致其失去发展动力，阻碍其创业创新的热情。青年时期需要解决立业、成家等人生重大问题，他们遭遇的挫折和困境可能导致一些负面影响，比如抑郁、焦虑等心理问题，从而给其人生发展带来较大压力。此外，由于代际流动的继承性得到强化，青年群体的社会流动出现了"阶层固化"现象。[1]这表明，青年所受的教育和工作中所付出的努力无法决定其社会地位，降低了青年群体竞争和奋斗的积极性，导致个体采取"躺平"方式面对压力以及不公平社会现状。[2]这种消极心态不利于形成积极向上的健康社会氛围，且已成为当前实现共同富裕进程中的阻力之一。因而，实现共同富裕需要依靠青年，同时也要理解青年、引导青年，促进青年的物质生活和精神生活都富裕，最大限度发挥青年在实现共同富裕中的积极作用。

（二）理解、引导和服务青年

政府和全社会要为青年人参与共同富裕的建设、为青年群体实现共同富裕目标考虑，不仅仅是要解决青年群体的某些紧迫的问题，更为重要的是推动青年群体借助共同富裕的

---

[1] 参见邓志强：《青年阶层固化研究——青年的阶层固化："二代们"的社会流动》，《中国青年研究》2013年第6期。

[2] 参见林龙飞、高延雷：《"躺平青年"：一个结构性困境的解释》，《中国青年研究》2021年第10期。

国家政策机遇实现自身的发展，从而推进社会真正进步。青年具有较大的发展潜能和机会，理所应当是"扩中"的主要对象，要让青年群体有足够的经济能力和生活机会跻身中等收入群体。这就需要提高青年群体的就业机会和收入水平，切实解决青年群体面临的主要问题，缓解青年群体的多重焦虑，推动更多青年群体进入中等收入水平行列，在物质生活和精神生活等多个方面理解青年、引导青年，使得青年人主动参与到共同富裕的建设中来，最终实现包括青年人在内的全体人民共同富裕的宏伟目标。

做好思想引领，引导青年理性看待成长发展与共同富裕

青年群体具有迫切改变现实境况的愿望，焦虑情绪下对改变现实强烈的渴求容易把他们带入对"共同富裕"乌托邦式的幻想中，并最终可能因这种幻想破灭而陷入虚无主义或更大的危机中。因此要做好思想引领，引导青年理性看待成长发展与共同富裕。通过多种宣传教育工作，引导青年人正确理解共同富裕，最终达成社会共识。应让青年明白：新时代的共同富裕是基于高度的社会文明和经济发展水平之上的公正社会的建立，而非简单的平均主义；共同富裕要尽力而为、量力而行，坚持循序渐进；全体人民共同富裕是一个总体概念，要实现14亿人共同富裕，必须脚踏实地、久久为功，不是所有人同时富裕，也不是所有地区同时达到一个富裕水准，不同人群实现富裕的程度不仅有高有低，时间上也有先有后，不同地区富裕程度还会存在一定差异，不可能齐头并进；共同富裕是一个在动态中向前发展的过程，要持续推动，不断取得成效。

加强就业指导和服务，提升青年就业机会和就业质量

就业是青年群体生存的基本保障，伴随着经济发展形势的变化、高等教育学历的不断贬值，考研热和考公热不断袭来，青年群体就业难的问题越发凸显。因此要持续加强就业指导和服务，提升青年就业机会和就业质量。促进青年群体的就业服务工作要标本兼治，既要解决眼前最紧迫的青年人就业安置问题，为失业青年提供就业指导和再就业培训服务，又要从根本上增强国家经济发展的能力，保证经济的活力和发展态势，保证就业市场和教育机构人才输出二者之间供需关系上的匹配，发挥人才发展规划的前瞻性作用，确保人才结构不发生大的失调，确保不发生大规模的行业内就业拥挤或行业人才紧缺现象。要全面深化改革，不断畅通社会流动渠道，同时健全城乡就业创业服务体系，降低城镇劳动力市场分割程度，对就业困难青年提供就业援助，出台针对青年的就业创业扶持政策。

重视新业态新职业重要作用，着力扩大青年中等收入群体

互联网经济的快速发展，催生出了外卖骑手、配送员、网络主播等适应互联网经济形势的新职业，提供了大量的灵活就业岗位，为解决青年群体就业难问题提供了新的思路。因此要重视新业态新职业的重要作用，着力扩大中等收入群体。新业态新职业具有明显优势，更加符合青年的就业观和价值观。稳定新业态新职业群体就业，对于提高青年收入水平、扩大中等收入群体、扩大内需、实现共同富裕都有重要意义。应创新完善劳动关系认定，发挥工会与行业协会作用，推动集体协商与平等对话机制，保障新业态群体劳动权益。健全完善社会保障机制，建立符合现实情况、适合新业态群体的参保缴保制度，核心应当是强制与激励、便利相结合。重视推进职业培训与素质培养，尽快完善出台新职业相关的国家职业技能标准，推动企业重视并积极推进灵活用工人员职业培训，推动带薪培训制度，提升新业态群体的就业能力和职业发展。完善制度支持和公共服务，地方政府应有效利用新职业群体的人力资源，推动地区发展和乡村振兴，完善灵活就业群体的医疗、养老、子女教育、住房等公共服务，努力提升全社会对新业态群体的认识与了解，加强新业态群体的社会融入。

完善社会保障体系，有效缓解青年群体的生活压力

教育、医疗、住房成为当前青年群体生活压力的主要来源，这些生活压力也影响了青年人的结婚意愿和生育意愿，中国已经进入深度老龄化社会，青年群体抚养压力增大。因此要继续完善社会保障体系，有效缓解青年群体的生活压力。应不断完善推进租购同权，降低婴幼儿养育成本，减轻青年群体的生活压力。同时，应继续推进户籍制度改革，取消户籍与就业、医疗、住房等基本公共服务的挂钩，降低青年城市就业准入门槛，淡化户籍在获取相关公共服务和福利中的关键作用，从制度层面破除青年发展困境，提升青年群体的生活幸福感、获得感，激发青年创新创业的积极性。

高收入人群在共同富裕中发挥什么作用？他们是不是按照三次分配理论把一部分收入捐献出来就事不关己了？不是的。中国的高收入人群是共同富裕道路上的奋斗者、受益者、先行者，有条件也有责任帮助"后富者"。高收入人群在共同富裕中可以发挥更积极作用：一是自愿自觉参与第三次分配，二是利用自身条件优势发挥全面的带动作用，三是作为已经具备物质条件的先行者率先追求自我实现。高收入人群积极作用的发挥将优先体现社会主义本质。

第七章

高收入人群在
共同富裕中发挥更积极作用

改革开放以来，我国经济社会快速发展，让"一部分人、一部分地区先富起来"成效明显，不仅东部沿海地区形成了一大批率先富裕起来的经济发达地区，也形成了部分高收入人群。在党的十九届五中全会上，习近平总书记提出开启"人民生活更加美好，人的全面发展、全体人民共同富裕取得更为明显的实质性进展"的新征程。[1] 在庆祝中国共产党成立100周年大会上，习近平总书记再次指出，我们要"推动人的全面发展、全体人民共同富裕取得更为明显的实质性进展"[2]，表达了党中央推动全体人民走向共同富裕的坚定决心和信心。我们应该如何看待高收入人群与共同富裕的关系？在实现共同富裕的道路上，高收入群体应该扮演什么角色？发挥怎样的作用？这是一个重要的现实问题和理论问题。"先富"不是唯一目的，而是方法和手段，最终要帮助和带动"后富"，实现共同富裕。通过西部大开发等战略，先进地区帮助落后地区的基本制度已经建立起来。国内高收入人群是中国经济快速发展的亲历者和受益者，其自身发展是社会主义成就的一部分。不仅如此，高收入人群也应成为先进文化的建设者、倡导者和贡献者，率先追求自我实现，从而在共同富裕道路上发挥更加积极的作用。

---

[1]《中国共产党第十九届中央委员会第五次全体会议公报》，人民出版社2020年版，第8页。
[2] 习近平：《在庆祝中国共产党成立100周年大会上的讲话》，人民出版社2021年版，第12页。

一

积极参与第三次分配

何谓"高收入人群"？目前尚未有统一的标准答案。《中国经济周刊》2021年第16期专门就"高收入群体的标准是什么？"做过一次讨论，各种意见层出不穷。中国拥有全球规模最大、最具成长性的中等收入群体。国家统计局的中等收入群体的标准以一个中国典型的三口之家的年收入为例，应在10万元至50万元之间。言外之意，年收入50万元以上，可以认定为高收入家庭。[1] 当然，对于这个定义或者说界定大家是有不同看法的，还有用相对收入、财富占有量等标准来划分界定收入等级的。本书并不想具体讨论"高收入人群"的划分标准问题，只是在通常意义（约定俗成）上说，高收入人群是已经摆脱物质匮乏、实现物质极大丰富或财务"自由"状态的一类人群。也就是说，高收入人群就是"先富"的、已经实现了群体内"共同富裕"的人群。简言之，高收入人群占据绝对的社会财富优势。那么，这一类人群在全体人民共同富裕道路上的角色定位就显得尤为特殊和重要了。

---

[1] 参见王红茹：《中国特色的共同富裕如何实现？》，《中国经济周刊》2021年第16期。

（一）高收入人群是第三次分配的中坚力量

党的十九大指出，中国特色社会主义进入新时代，我国社会主要矛盾已经转化为人民日益增长的美好生活需要和不平衡不充分的发展之间的矛盾。经过中华人民共和国成立以来70多年的发展尤其40多年的改革开放，特别是党的十八大以来，我国经济社会各项事业取得历史性成就、发生历史性变革，国家综合国力跃上新台阶，中国特色社会主义制度优势日益凸显。然而随着发展，不平衡不充分的问题也越来越明显，"不充分"是"不平衡"产生的客观基础，"不平衡"会反过来加剧"不充分"。不平衡主要表现为：领域不平衡、区域不平衡、群体不平衡。群体不平衡主要是指不同社会群体在共享发展成果方面有差距，良性橄榄型社会结构和建立在该结构上的财富公平正义分配格局都有待形成。[1]

缩小贫富差距需要健全三次分配结构

基尼系数是反映居民之间贫富差异程度的常用统计指标，能较全面客观地反映居民之间的贫富差距，预报、预警居民之间出现贫富两极分化。一般认为基尼系数小于0.2时，居民收入高度平均；在0.2～0.3之间时，居民收入比较平均；在0.3～0.4之间时，居民收入相对合理；在0.4～0.5之间时，居民收入差距较大；大于0.5时，居民收入差距悬殊。根据国家统计局数据显示，我国居民人均可支配收入基尼系数在2008年达到最高值0.491，随后缓慢下降；2010年下降到0.481，这个降幅是比较大的；2015年下降到0.462，这是阶段性低点；2016年以后又有所反弹；2020年为0.468。[2]

---

[1] 参见辛鸣：《怎么看发展的不平衡不充分》，《文摘报》2017年11月2日第6版。

[2] 参见国家统计局关于居民人均可支配收入基尼系数的统计数据，https://data.stats.gov.cn/easyquery.htm?cn=C01。

可见，贫富差距较大是我国现阶段客观存在的事实，缩小的难度相当大。为实现共同富裕的目标，需要大家继续奋斗，需要高收入人群作出更大的贡献。

实现共同富裕是社会主义的本质要求。"从'贫穷不是社会主义，发展太慢也不是社会主义'，到'社会主义的本质是解放生产力，发展生产力，消灭剥削，消除两极分化，最终达到共同富裕'，再到'实现共同富裕是社会主义的本质要求'，党对社会主义的认识不断深化。"[1]我们要推进高质量发展，不仅要做大蛋糕，也要做好蛋糕，更要把这个蛋糕公平地分好，让发展成果更好地为全体人民所共享。为了实现共同富裕，需要充分发挥好三次分配的协同作用。三次分配的侧重点各不相同。初次分配通过市场，基准规则是效率和竞争；第二次分配通过政府，基准规则是社会利益和社会公平；第三次分配通过社会，充分发挥各类社会组织与社会成员的作用，基准规则是慈善公益。三次分配并非相互独立的，而是相互联系的。例如，税收作为国家职能，可以采取生产税净额、转移税及税式支出等形式，既是第二次分配的主要手段，也参与第三次分配过程。给予捐赠者各类税收优惠，对公益慈善机构的捐赠收入免征各类税收，对公益项目受益者获取的收入和财富给予税收优惠，都对第三次分配有促进作用。[2]

高收入人群要做第三次分配的中坚力量

第三次分配的资金和资源来源说到底是企业和个人。从企业来说，无论何种性质的企业，都可以制定利润分配规则，将一部分利润用于社会公益事业。从个人来说，任何居民都可以参与第三次分配，现在公益事业的发展已经能够做到积少成多、聚沙成塔。希望工程、水滴筹、"鞋盒礼

---

[1] 中共中央宣传部：《中国共产党的历史使命与行动价值》，人民出版社 2021 年版，第 33 页。

[2] 参见梁季：《税收促进第三次分配与共同富裕的路径选择》，《人民论坛》2021 年第 28 期。

物"[1]等都可以轻易地实现普通人助人为乐的愿望。如果说人民群众是第三次分配的汪洋大海,那么高收入人群应当成为其中的中坚力量。

改革开放之初,我们党设计了共同富裕路线图——"一部分地区、一部分人可以先富起来,带动和帮助其他地区、其他的人,逐步达到共同富裕"[2]。高收入人群优先抓住了改革开放提供的经济发展机会,实现了"先富"。"先富者"既是奋斗者和贡献者,也是受益者,因此帮助"后富者"既是他们的历史责任,也是他们的历史使命。从经济学角度来看,高收入人群已经摆脱了收入和财富方面的预算约束,其消费的弹性已经极低,对外捐赠丝毫不会影响其生活水平,也不会降低其社会消费水平,但是会明显提高低收入人群的消费水平、生活质量。中国文化历来有"达则兼善天下"的传统,历史上有士绅修路架桥、接济穷人的故事,当今社会也有一大批热心公益的社会名人。无论从东方文化根基来说,还是从西方的马斯洛的需求层次理论来说,公益捐赠、第三次分配最终都是有条件的人的一种内在需要和自我价值实现的方式。

(二)自愿自觉参与第三次分配

如果说第一次分配的内驱力在于创造、竞争和产出的合法占有,第二次分配的内驱力在于政权的使命,那么第三次分配的内驱力在哪里?我们都知道,自愿原则是第三次分配的首要原则。要保证高收入群体能够量力而行,根据自己的实际情况进行捐助和慈善,合理分配自己的财富以继续发展生产力、创造财富。马克思主义劳动价值论告诉我们,每

---

[1] "鞋盒礼物"是众多小微社会公益事业的一个缩影。普通人可以认捐50元一个的鞋盒礼物,小朋友也可以把自己的学具和玩具装进鞋盒,寄给公益机构。这些鞋盒礼物将会在年底被赠送到山区小朋友手里。

[2] 邓小平:《邓小平文选》第3卷,人民出版社1993年版,第149页。

个人的能力有大小，社会分工有区别，创造的财富也不一样，因此每个人在初次分配中获得的包括劳动报酬在内的收入也是不相同的。不能简单地从平均主义出发看待第三次分配。它会让老实人吃亏，让埋头苦干的人吃亏，会极大地削弱和打击人们的劳动积极性和创造力。马克思曾批评："粗陋的共产主义不过是这种嫉妒心和这种从想象的最低限度出发的平均主义的完成。"[1] 社会主义反对一切不平等的剥削和压迫，同样也反对"粗陋的共产主义"，反对"仇富"和"劫富济贫"。[2] 因此，那些所谓对高收入人群的"逼捐"、情绪勒索、道德绑架等思潮和舆论，是极不可取的，需要坚决反对。

但是，第三次分配如果仅靠自愿原则恐怕也是不够的。第一，第三次分配原则要从自愿原则拓展为自觉原则，这将成为扩大第三次分配的真正内驱力。自愿原则既是内在的，也是外在的。真正的自愿原则会让社会成员在回馈社会时没有很大的心理压力，但它不是一种驱动力。作为社会准则的自愿原则，虽然要求外部环境不要给社会成员施加压力，但很多时候一种"被自愿"的机制被当作了第三次分配的驱动力。如果自愿转化为自觉，捐赠和助人等无回报的付出成为与以阅读丰富内心世界一样的内在价值诉求，这时第三次分配就具备了真正的内驱力以及不断扩大的动力。第二，第三次分配不能因为自愿原则而"英雄莫问出路"，而是要合法以及遵从一定的社会规范，其中最重要的在于两个方面：一方面，社会捐赠要来路清明，是合法收入的捐出，不能像某些国家那样把捐赠当作"洗钱""赎罪"的手段；另一方面，社会捐赠要秉持"非功利心"，它可以带来名誉和名声，甚至也会对企业的利益有好处，但一定不能成为沽名钓誉和变

---

1 [德] 马克思：《1844年经济学哲学手稿》，人民出版社2000年版，第79页。
2 参见周丹：《新价值秩序研究》，社会科学文献出版社2021年版，第65页。

相牟利的手段。做到了这两个基本方面，第三次分配的健康发展就具备了基本条件，高收入人群参与第三次分配也就有了纯洁的"初心"。

二

发挥全面带动作用

高收入群体尽管摆脱了物质财富层面的贫困，实现了物质财富层面的富裕，但是在全面建设社会主义现代化国家、推进全体人民共同富裕取得实质性进展的新征程中，不能持旁观心态，而是更应该发挥自身的优势、能力和社会影响力，继续保持奋斗精神，带动更多人实现共同富裕。

（一）激发市场活力，促进就业

想要市场保持活力，避免劳动者陷入"躺平"状态，必须保证劳动者的市场参与度和获得感。企业要主动减少和消除贫富双方之间的对抗与矛盾，实现双方的良性互动，实现对社会整体的共同促进。改革开放以来，市场显示出极大的活力，人民生活水平也发生了翻天覆地的变化。同时，市场的弊端也显现了出来，贫富差距不断拉大，弱化了人民的获得感。网络热词"躺平"的出现，即展现了许多民众，特别是网民对现实存在的贫富差距较大这一状况的不满甚至抵制情绪。高收入群体占全社会人口比例小，却获得了社会上的大部分财富和资源，并且通过代际传递的方式，不断积累巩固，使得贫富差距拉大，社会各阶层流动性降低，进而使得阶层固化。富者长期富，贫者长期贫，成为严峻的现实问题。这种情况倘若长期得不到调整和改变，还会呈现放大效应，令社会的中间阶层处于越来越焦虑和无望的状态。而对低收入群体来说，无助感、挫败感会与日俱增，进而丧失生活的信心、前进的勇气，非常不利于经济社会发展和社会长期稳定。

譬如，在城市打拼的"打工一族"，特别是从事劳动密集型工作，如在传统工厂流水线上的"打工一族"，尽管收入尚可或者不低，但社会综合评价指数较低，融入城市生活的程度也较低，更加容易形成一个"封闭的小圈子"，一些负面情绪也会相互影响，因而对自己努力所得成果的获得感会降低以及未来期待感会下降。他们是社会中的一个大群体，他们的发展状况也将进一步影响到整体经济发展的质量，是整体中很重要的、不可忽视的一部分。贫富差距悬殊可能会导致中低收入群体对富人产生仇视心理和抵抗情绪，从而衍生出"躺平"的工作生活态度，势必对经济发展产生极大影响。

市场要保持活力，从生产端到消费端都离不开各社会群体的共同付出。中低收入群体和高收入群体之间若是存在隔阂与矛盾，就无法促使市场形成源源不断的活力和动力。社会成员内部之间的矛盾必然会导致社会成员各方的损失，进而影响整个市场。譬如，近些年时有发生的购物狂欢节之后，"快递小哥"因为面临多方压力而罢工，使许多购物订单不能实现最终交易。

激发市场活力，不能仅仅从中低收入群体入手，这样产生的作用是有限的。推动高收入群体主动实现对中低收入群体的关注，并采取相应的实际行动，也是激发市场活力的另一个发力点。换言之，不能只是一味鼓励中低收入群体不要"躺平"，而是要帮助他们改善客观条件，给予他们更多的工作机会和发展机遇，尝试实际地解决造成他们不满情绪和消极心态的客观问题。

高收入人群促进共同富裕的途径不仅在于积极参与第三次分配，他们还可以利用自己的事业、职业、企业中的相关优势条件，通过市场机制更好地发挥带动作用。首先，任何一个行业和岗位都要推崇勤劳致富、爱岗敬业等价值观。因此，高收入人群只要还在工作岗位上，都要做热爱劳动、勤勉工作的模范，引导身边人及社会大众崇尚劳动的风气。其次，企业家在拓展企业业务时要以创新和提高竞争力为核心，同时也不要忘记大众创业和就业问题，后者虽然主要是政府的责任，但是负责任的企业家也可以在增加就业、协助培训和转岗等方面发挥有益补充作用。科研人员在从事发明创造、提出智库对策建议时，既要考虑国家和社会宏观利益，也要优先考虑中低收入人群的发展需求，为改善其就业环境、消费权益和生活质量发挥应有作用。文艺工作者在文化艺术作品中要宣传积极健康的价值理念，避免"鸡汤式"鼓励，更要杜绝"精神毒药"，不能只为给自己带来流量价值，却给大众带来负面价值。

（二）更多实践精神层面的共同富裕

先富起来的人群，在社会中大多是某一个行业或者某一个领域的精英，是社会中的成功人士。成功者往往被大众所知，成功者也需要大众的知晓与支持，他们也就会顺势成为"被模仿"的对象。很多成功者的故事被记录下来，广为流传且被学习。在高收入人群里，有很大一部分是公众人物，一举一动都有可能成为社会热点，上热搜，产生广泛的社会影响。高收入群体、成功人士、先富者，更要充分发挥自身的正面示范效应，积极引导大众、引导周围的人向上向善。成功者的奋斗历程、个人经验，对后富者有重要的激励与鼓舞作用。高收入群体在奋斗过程中以及获得成功后，积累了一定的社会影响力，要充分发挥出来，帮助、带动更多的人走向共同富裕、成就精彩人生。高收入群体依托自身的物质财富实力进行慈善救助，以及依托自身的社会影响力进行鼓励和引导，能够极大地帮助低收入群体增加收入，从而扩大中等收入群体规模。随着我国经济社会快速发展，我们需要倡导一种新型财富伦理。"在中国大家有了钱以后都希望留给下一代，如果有了钱以后考虑怎么来带动其他人富裕、带动其他人创业，能够把一部分钱捐助给社会，这种慈善文化得到普及的话，第三次分配力度就会大，而且有利于营造人与人之间一种良好的温暖的人际关系。"[1]

然而，在实际情况中，并非所有的高收入人士都能自觉做到这一点。有的高收入者不仅缺乏精神境界，而且为了追逐财富钻法律的空子，利用非法手段，偷税漏税。譬如，近些年随着网络直播带货的兴起，一批主播的财富迅速积聚。而有的主播却不愿主动承担纳税义务。要知道，他们的身份是知名主播，是实打实的公众人物，理应更加端正自己的行为，提高自己的思想道德水平，传递正能量。

总的来说，高收入群体在精神层面，对共同富裕具有客观和主观两方面的作用。客观上鼓励人们勤劳致富，让财富的源泉充分涌流，主观上提供自身发展精神生活的动力和途径。高收入群体的经验分享，可以鼓励人们勤劳致富，继续发展物质层面的富裕之路。高收入群体在这一过程中也可以继续发展自身精神层面的富裕之路。例如不少香港演艺界人士长期在内地悄悄地出资兴建希望学校，注重改善校舍质量和教学管理，而不是热衷于拍照和宣传。共同富裕，在当前社会主要矛盾发生转化的时代背景下，被时代赋予了新的内容。仅在物质生活上先富的高收入群体，并不一定实现了完

---

[1]《时代问答》编委会：《时代问答》，人民出版社2014年版，第112—113页。

全意义上的美好生活。对美好生活的需要，也必然会激发高收入群体继续丰富自身精神生活的动力，促使他们成为社会进步的引领者。

（三）承担社会责任，释放社会效应

如今，我们胜利实现了第一个百年奋斗目标，在中华大地上全面建成了小康社会，正在意气风发向着全面建成社会主义现代化强国的第二个百年奋斗目标迈进。全面建成小康社会为实现全体人民更高水平的共同富裕奠定了坚实基础，全面脱贫攻坚是全面建成小康社会的重要前提。换言之，没有全面脱贫，就没有全面建成小康社会，也就没有实现更高水平的共同富裕的现实起点。在脱贫攻坚战中，高收入人群涌现了很多先进典型，主动承担社会责任，带动越来越多的人摆脱贫困，走上富裕之路，发挥越来越大的"带富"效应。

在全国脱贫攻坚总结表彰大会上，多位企业家荣获"中国脱贫攻坚奖"，福耀玻璃集团创始人曹德旺是其中之一。长期以来，曹德旺牢记企业家的社会责任，他发起成立河仁慈善基金会，带领福耀累计缴纳税金逾170亿，捐赠120亿，先后6次被民政部授予"中华慈善奖"，荣获"改革开放40年杰出民营企业家""中国消除贫困捐赠奖"等荣誉。曹德旺对社会真心付出，也因此被社会称为"真正的中国首善"。他在自传《心若菩提》中写道："一个事业成功后，对国家对社会有高度责任感的人，才算得上是企业家，不然你再怎么成功也只是一个暴发户。"曹德旺发挥的不仅是个人财富的力量，而且他的行为具有广泛的财富溢出效应，影响和带动了更多的企业家关注消除贫困，关注共同富裕。

另一位著名的民营企业家刘永好，从养鸡起步，发展起庞大的农牧业产业集群，2021 年以 1050 亿元的身价在胡润百富榜上排名第 41 位。农业本来就是惠农利民产业，刘永好作为企业创始人，更是长期致力于践行个人及企业的社会责任。作为贫苦农村出身的企业家，刘永好履行社会责任有鲜明的特色。一是以企业经营带动贫困地区的经济社会发展。他和其他企业家一起发展光彩事业，在老少边穷地区投资发展产业，实施"1+1"精准扶贫计划，累计帮扶增收超过 10 万人。二是开展公益性农村农业人才培训。他提出"绿领"概念，承诺用 5 年时间义务培训 10 万"绿领新农人"。三是坚持开展儿童公益项目。他坚持在贫困地区捐建学校，实施学生奶工程，推广"希愿计划""希苗计划"等，累计捐赠超过 1.6 亿元。刘永好不仅获得"改革先锋""改革开放 40 年百名杰出民营企业家"等荣誉称号，还先后获得 2018 年国家脱贫攻坚奉献奖、中国十大扶贫状元、第十一届中华慈善奖"慈善楷模奖"等奖项和荣誉。在他看来，"弘扬企业家精神，汇聚民营企业力量，积极投身光彩事业，回馈社会、回馈国家"，是民营企业家的历史责任。责任呵护希望，希望让生活更美好正是他回馈社会的真实写照，而用"五五工程"支持乡村振兴，推动共同富裕，将是他和企业践行社会责任的新方向。[1]

---

[1] 参加张文燕：《新希望控股集团董事长刘永好：用爱播种希望 不负时代厚望》，《中华工商时报》2022 年 5 月 31 日第 8 版。

三

率先追求自我实现

共同富裕的内在要求是美好生活。人民对美好生活的追求并不仅仅是物质层面的,而是要超越物质生活层面上升到内在的精神层面。随着国家富强、社会进步,对高收入人群来说,美好生活意味着追求一种至善的生活。在先贤理论中,至善生活是一种高尚精神追求和社会精英的理想境界,当今条件下已经有越来越多的人具备了潜在条件。在追求至善生活中,高收入人群可以实现、成就更丰富更完善的自我,即更高水平的自我实现。

(一)满足社会性需求

马克思指出:"人的本质不是单个人所固有的抽象物,在其现实性上,它是一切社会关系的总和。"[1] 人不仅是自然性的存在,更根本地说,人是社会性的存在。在实现对美好生活的需求上,高收入人群本身对于物质生活条件的占有已经达到甚至超出了常规需求水平,他们的财富为其精神生活和物质生活的丰富和发展都提供了坚实基础。按照亚里士多德的说法,生活条件达到中等水平就可以主要追求自我实现,否则物质条

---

[1] 中共中央马克思恩格斯列宁斯大林著作编译局编译:《马克思恩格斯选集》第1卷,人民出版社2012年版,第135页。

件可能成为约束精神的外在枷锁。换句话说，高收入人群对于社会属性的追求和实现，会不断提高要求，迫切程度也会不断加深。精神生活的发展离不开社会条件，精神生活发展的实现离不开精神发展社会意义的实现。脱离了社会，高收入人群富有的物质生活并不一定能为其实现精神生活的"先富"。"物质的满足并不能完全使人找到正相关的幸福，因为幸福是一种身心的全面感受、体验与追求。"[1]

马斯洛认为："满足成为与匮乏同样重要的概念。因为它将机体从一个相对来说更强的生理需要的控制下解放出来，从而允许更加社会化的目标出现。生理需要以及它们的局部目的，在长期得到满足时，就不再是行为的活跃的决定因素和组织者了。"[2]高收入群体在克服对物的匮乏之后自然地转向追求更高级的社会化目标。主观要求完善社会性人格以及自我实现与客观要求解决物质匮乏的生存处境，同样具有重要性。尤其是满足了物质需要的高收入群体，继续停留在这个基础需要层次对自身需要来说，已经是不满足状态了。

高收入群体参与共同富裕，为实现自身精神生活的"先富"提供了契机，同时也为共同富裕的全局战略的精神层面的发展提供了推动力。高收入群体基于现有的学识条件、教育条件等，要实现精神生活的发展就要回归到发挥出自身的社会意义上来。依托自身的物质财富实力进行的慈善救助，以及依托自身的社会影响力进行鼓励与引导，所进行的一切活动本身都是在实现精神生活的发展。

（二）实现自身的社会价值

实际上，个人价值与社会价值紧密相连，没有脱离社会的

---

[1] 杨团主编：《中国慈善发展报告2013》，社会科学文献出版社2013年版，第5页。

[2] [美]亚伯拉罕·马斯洛：《动机与人格》，许金声等译，中国人民大学出版社2007年版，第18页。

个人价值,也没有脱离个人的社会价值。高收入人群中的每个具体个人也都是社会中的成员。个人的发展与国家、社会的发展是融合在一起的。在成就社会价值的同时,个人价值才得以充分实现。

华为是一家极具爱国情怀和社会责任的民营企业,始终坚持自主创新,在5G等许多关键科技领域掌握核心技术。对此美国采取各种手段打压制裁华为,其核心高管因此受到牵连,被加拿大无理拘押1028天,在包括中国政府在内的各方的共同努力和斗争下,最终无罪释放,回到祖国怀抱。其写下题为《月是故乡明,心安是归途》的长文,"正是那一抹绚丽的中国红,燃起我心中的信念之火,照亮我人生的至暗时刻,引领我回家的漫长路途"。华为公司不为所惧,主动攻关"卡脖子"技术,自主研发芯片,积极应对制裁挑战。作为企业背后的企业家也好,作为普通的个人也罢,个人对社会的付出和社会给予的回报是对等的。华为的遭遇受到祖国的关注和援救,华为的"血性"得到全国人民的支持。个人价值在实现社会价值当中得以升华,完成了超越物质、超越小我的自我价值的最高实现。在新冠肺炎疫情期间,钟南山不顾80多岁的高龄,如在2003年"非典"期间一样,始终奔波于疫情各地,持续高强度工作。他把医学智慧发挥出来,救人救国,"有了他,国人更心安",个人价值和社会价值一同得到最高实现。2020年8月11日,习近平签署主席令,授予钟南山"共和国勋章"。

共同富裕要满足人民群众多方面日益增长的需要,"期盼有更好的教育、更稳定的工作、更满意的收入、更可靠的社会保障、更高水平的医疗卫生服务、更舒适的居住条件、更优美的环境,期盼孩子们能成长得更好、工作得更好、生活得更好"[1]。无论华为还是钟南山,都是用自己的实际行动,

---

[1] 习近平:《习近平谈治国理政》第1卷,外文出版社2018年版,第4页。

践行着这样一项伟大事业。

高收入人群参与慈善、援助低收入群体,绝对不仅仅是一件只有关付出的事情,还是一条实现其自身社会价值的确切路径。在慈善事业中,不仅低收入群体获利,高收入群体也获益。马克思在《青年在选择职业时的考虑》中说:"在选择职业时,我们应该遵循的主要指针是人类的幸福和我们自身的完美。不应认为,这两种利益会彼此敌对、互相冲突,一种利益必定消灭另一种利益;相反,人的本性是这样的:人只有为同时代人的完美、为他们的幸福而工作,自己才能达到完美。"[1] 这对高收入人群重新思考人生的价值与意义,如何把自己的完美和同时代人的完美、他人的幸福统一起来,是极具有启发性的。

人从自然界走进文明社会,一方面通过融入社会产生的群体合作以及代际交流,为人类追求更远大的事业和愿景提供可能;另一方面在满足生理需求的同时,会产生情感等精神方面的需求,需要一个超出自然界的客观载体和"属人"环境。人的社会属性促使人类不断追求自身的社会价值。我们都是处在社会关系中的主体,同时也作为他者存在;我们只有在实现社会价值时,才能实现全部自我价值。

(三)追求至善生活

物质层面的富足并不直接等于精神层面的富足,实现美好生活对每一个人来说都包含物质层面和精神层面两个方面。物质层面的发展并不自然实现精神层面的发展,只是为精神层面发展提供某些前提条件。面对五彩缤纷的物质世界,人们往往沉溺其中,为物欲所困。摆脱物欲的控制,御物而不

---

[1] 中共中央马克思恩格斯列宁斯大林著作编译局编译:《马克思恩格斯全集》第1卷,人民出版社1995年版,第459页。

御于物,是追求至善生活的前提。

所谓至善,在于融通。追求至善的生活,需要拥抱社会。任何人都有一些思想和观念的"前见",人生境界的提升,就在于不断克服和超越那些狭隘的"前见"。高收入群体需要走出自我的"小圈子",深入社会大众,特别是关心和帮助低收入群体。譬如,面对激烈的市场竞争环境,以企业家为代表的高收入群体在生理和精神层面往往处于亚健康状态。在生命动力、精神活力、精神面貌和精神状态上,他们能够在慈善、捐助等行动中得到增强与改善,在与不同社会群体的接触、交流中相互学习。在高收入群体看来,低收入群体的某些苦恼和问题是简单的,而低收入群体的某些快乐又是其从未体验过的。高收入群体和低收入群体所面临的问题不同,在解决方式上却具有互补性。而且,这还有利于贫者减少由于贫富差距导致的"仇富"情绪,摆脱工作上的"躺平"态度。高收入群体和低收入群体互相启迪,各取所长、各补其短,推动共同富裕,实现对美好生活的共同追求。在这个过程中,高收入群体达到更高层次、更高境界的满足,"止于至善"。

四

在共同富裕道路上大有可为

社会主义社会是一种先进的社会形态，社会主义制度是一种先进的社会制度，不仅包括先进的社会生产力，而且包括更高的社会理想、价值旨趣。贫穷不是社会主义，社会主义条件下形成的高收入人群证明了社会主义在物质生产方面是不落后的，是先进的。在社会主义条件下，不是物质统治人，而是人掌握物质；不是资本奴役、物化人，而是人驾驭、利用资本；人不是欲望机器、金钱奴隶，而是有思想、有精神、有担当、有追求的全面发展的人。社会主义条件下发展起来的高收入人群，更有条件率先体现这些特征，反映社会主义本质和优越性。

（一）推动我国慈善事业蓬勃发展

慈善事业作为第三次分配的主要方式

在物质财富回馈社会的机制中，慈善事业是表现最直接的。捐赠是第三次分配的"入口"，慈善事业则是第三次分配的"出口"。改革开放是我国慈善事业的发动机，慈善捐赠经历了从海外捐赠向本土捐赠的转变。现如今，我国的本土慈善事业已具有相当规模并且还在快速发展，本土慈善组织成为动员公众捐赠和实施慈善项目的主体。仅就中华慈善总会一家来说，截至2020年12月31日，其资产总额为32.14亿元，2020年度收入达到73.87亿元。[1] 对于中国整体捐赠规模，《中国慈善发展报告》从2014年开始，采用修正前一年度数据、测算上一年度数据的做法来进行统计。其中，2014年捐赠规模测算数据为1046亿元，年度实际修正数据为1058亿元；2015年测算数据为992亿元，年度实际修正数据为1215亿元；2016年测算数据为1346亿元，年度实际修正数据为1458亿元；2017年测算数据为1558亿元，年度实际修正数据为1526亿元；2018年测算数据为1128亿元，年度实际修正数据为1270亿元；2019年测算数据为1330亿元，年度实际修正数据为1380亿元；2020年测算数据为1520亿元。[2] 2020年社会捐赠总量比2014年增长了45.32%。

胡润研究院从2004年开始，每年发布"胡润慈善榜"。这可以看作是一份中国富豪的慈善榜单。据"2021胡润慈善榜"显示，捐赠额排名前10位的企业家共有11名，其中有5名是和家庭成员或家族一起，最后两名并列。这些企业家领导的企业属于电子商务、家电、房地产、投资、医疗设备、教育、传媒娱乐、服务、能源等行业，人均捐赠额23.7亿元，最高达120亿元，最低也有3.1亿元。这些善款主要用于教育、医疗、扶贫、文化、环保、救灾等社会事业。这些慈善家有的专门成立慈善基金会从事慈善事业，有的则是以个人或家族的名义在其他公益基金会名下开展捐赠活动或者直接向重大社会变故捐款。

《中国慈善发展报告》和"胡润慈善榜"都只能反映我国高收入群体捐赠的一个面向。前者测算和修正的中国整体捐赠者数据是涵盖社会各阶层各群体的，当然高收入群体占据

---

[1] 参见《2020年中华慈善总会年报》，http://www.chinacharityfederation.org/nv.html?nid=6ad6a3d5-99e3-4054-ba51-3f4e3b82ee77&URLparamName。

[2] 参见杨团主编：《中国慈善发展报告2020》，社会科学文献出版社2020年版，第38—39页；杨团、朱健刚主编：《中国慈善发展报告2021》，社会科学文献出版社2021年版，第27—28页。

数据的重要位置。后者只是反映中国富豪的捐赠情况，对捐赠额度设置了统计门槛，并不能整体反映高收入群体的捐赠规模。譬如，"2021胡润慈善榜"上榜门槛为1亿元，中国"亿级慈善家"39人。如果按照中国已有大约1亿的高收入人群估算的话，任何一个慈善榜公布的捐赠者都只能是其中的一小部分。从不同的报告、榜单数据情况看，我国高收入群体做慈善的热情是比较高的，慈善事业的蓬勃发展可以看作第三次分配获得发展的一个显著标志。

为第三次分配保驾护航

正像上面已经提到的，捐赠和慈善不完全是一码事。捐赠的目的是慈善，但慈善组织作为一种非营利组织未必能完全实现捐赠目的。由于存在监督机制还不健全、信息公开透明程度还有待提高、立法不完善、慈善组织发育不充分等问题，公益慈善事业背后的"黑箱操作"时有发生。筹集的资金有的未能真正落实到需要救助人员手中，有的竟然流入公益慈善组织管理者的"个人腰包"。还有人把慈善当作吸引眼球、贴金的工具。譬如2011年的"郭美美事件"，对红十字系统公信力产生了恶劣影响。2020年湖北武汉暴发新冠肺炎疫情期间，湖北省及武汉市红十字会存在捐赠物款信息公开及管理不规范、整体调度质量不高、应对舆情不及时等多方面问题，饱受社会各界质疑。这些事件和行为极大地打击了社会公众对公益慈善事业的热情和积极性。因此，慈善事业的开展是第三次分配的落脚点，向下决定着第三次分配效果和目标的实现程度，向上则会影响社会各阶层的捐赠热情和对第三次分配的信任乃至信仰程度。

因此，国家有必要大力加强对从捐赠到公益慈善事业的完整链条的规范管理，使第三次分配的规模不断壮大，并且其资金能像家庭收入、企业资金那样发挥最大效应。首先，规范对社会捐赠的引导和管理。无论企业还是个人的公益捐赠都应当得到鼓励和支持，要使公益性捐赠资金的税收优惠制度更加具有可操作性，使公益捐赠的社会褒奖制度减少一些商业气息，规范管理企业主办的慈善组织与企业利益的关联。第三次分配的资金来源必须是干净的，捐赠不能成为非法收入的"漂白池"。其次，规范对公益慈善部门的管理。应加强对公益慈善组织登记、运行、监管等方面的管理。要使公益慈善组织和第三次分配资金在阳光下运行。要继续推进《慈善法》的修改，让慈善事业在法治轨道上运行，妥善区分法治和行政的边界。[1] 最后，不断探索健全公益慈善部门的优化分配方案。第三次分配存在的理由是解决企业和政府解决不了的社会问题，因此其分配的领域中各领域的分配比例应当存在某种最优比例。第三次分配并不能因为其所使用的资金是捐赠资金就可以恣意使用，必须用于社会发展的各种短板，主要用于帮扶弱势群体和困难群体。这方面可能也需要法律、行政、舆论、科研等多方的引导，这样才能使第三次分配真正担起应有的重任，也让包括高收入人群在内的所有人能放心、开心地参与第三次分配进程。

（二）优先体现社会主义本质

中国古人从国家治理、社会治理角度讲"不患寡而患不均"，认为财富分配要讲究"共同"，注重"公平"；从对待财富的人生态度角度讲"仁者以财发身""达则兼善天下"，要乐善好施，也是对"共富""共享"的高度认同。马克思在对共产主义社会的设想中指出："社会生产力的发展将如此迅

---

[1] 参见《马剑银：当代中国慈善法治发展报告的再解读》，中国灵山公益慈善促进会，https://mp.weixin.qq.com/s/j5iZgW4ta36RDlCwO6sN-A。

速,以致尽管生产将以所有人的富裕为目的,所有的人的自由时间还会增加。"[1] 共同富裕作为共产主义、社会主义的内在要求由此已经明确提出来了。对于如何实现共同富裕,邓小平指出:"我的一贯主张是,让一部分人、一部分地区先富起来,大原则是共同富裕。一部分地区发展快一点,带动大部分地区,这是加速发展、达到共同富裕的捷径。"[2] 改革开放以来,我国经济社会快速发展,2010年国内生产总值超过日本,世界排名第二。2020年以来,我国国内生产总值连续两年突破100万亿元。

我国经济发展的巨大成就可以被看作"一部分人和一部分地区先富起来"所带来的成效。同时,也要清醒地认识到伴随而来的贫富分化和地区分化的问题。[3] 地区差别、城乡因素、人群差别,成为影响社会大众幸福感、获得感的重要因素。习近平总书记明确指出:"消除贫困、改善民生、逐步实现共同富裕,是社会主义的本质要求,是我们党的重要使命。"[4] 我们已经取得全面建成小康社会的胜利,消除了绝对贫困,创造了世界减贫史上的伟大奇迹。在向第二个百年奋斗目标前进途中,实现共同富裕事关全局、事关长远,不仅是一个经济问题,也是一个重大政治问题和社会问题。2021年5月,中共中央、国务院通过《关于支持浙江高质量发展建设共同富裕示范区的意见》,开启了"共同富裕"以区域为单位的整体性实践探索。相应地,浙江省在7月份发布了《浙江高质量发展建设共同富裕示范区实施方案(2021—2025年)》,率先探索建设共同富裕美好社会。浙江民营经济发达,高收入群体总量较大、相对占比较高。该方案也采取了三次分配协调发展的思路,但是出于某种考虑并没有采用三次分配的表述。除此以外,该方案对高收入人群的定位主要是从

---

[1] 中共中央马克思恩格斯列宁斯大林著作编译局编译:《马列著作编译资料》第3辑,人民出版社1979年版,第73—74页。
[2] 邓小平:《邓小平文选》第3卷,人民出版社1993年版,第166页。
[3] 参见郝宇青:《共同富裕思想在当代中国的实践演进》,《人民论坛》2021年第28期。
[4] 习近平:《习近平谈治国理政》第2卷,外文出版社2017年版,第83页。

公益慈善角度论述的，对他们如何更积极地发挥带动作用以及正大光明追求自我实现很少涉及，这也许是浙江下一步可以加以改进的方向之一。

从总体上看，高收入人群在社会主义道路上，充分发展社会主义生产力，积极参与第三次分配，率先和充分实现自我的人生和社会价值，真正促进各个人群共同富裕，不仅是责任与义务，也是权利与权益。正如习近平总书记在江苏南通参观张謇生平展陈时所说的，"张謇意识到落后必然挨打、实业才能救国，积极引进先进技术和经营理念，提倡实干兴邦，起而行之，兴办了一系列实业、教育、医疗、公益事业，帮助群众，造福乡梓，是我国民族企业家的楷模"[1]。如今，中国已经有了更多像张謇这样的民营企业家，以及其他各行各业的领军人才。对现代民营企业家来说，习近平总书记的评价意味着人的能力越大，社会为他们提供的舞台也越大，他们应承担的社会责任也越大，这样的人越来越多，社会主义本质和优越性也就体现得越充分。

---

[1] 何聪：《实业报国，实干兴邦》，《人民日报》2020年12月2日第5版。

共同富裕道路是全体人民共同走出来的，每类人群都有独特追求、贡献和诉求。中等收入人群是"压舱石"，低收入人群是社会进一步发展和转型的承载者和亲历者，高收入人群则是高质量发展的引领者和社会主义本质的优先体现者。当以人民为中心的发展思想真正落到实处，体现至善求索的共同富裕的中国道路就愈发清晰。高质量发展之路、区域协调发展之路、共享发展成果之路以及民生服务发展之路是这条道路的主要方面，它们都要鲜明地指向不同收入群体的所需和所能，让不同群体优势互补，缩小不同群体间的差距，促进效率与公平的有机统一。

第八章

中国共同富裕的
现实路径

共同富裕是社会主义的本质要求。中国共产党自成立以来，就领导中国人民一直走在追求共同富裕的道路上。随着中国特色社会主义进入新时代，中国实现了全面脱贫的壮举，经济已由高速增长阶段转向高质量发展阶段，但发展不平衡不充分问题仍然突出，共同富裕前景光明但任务艰巨。共同富裕是对以人民为中心的发展思想的根本遵循，在向椭圆型社会转型过程中，中等收入人群是社会的"压舱石"，也是我们瞄准的基点。值得关注的重点则是两侧的低收入人群和高收入人群。低收入人群是促进共同富裕的重点帮扶保障人群，其中相当大比例人口将陆续进入中等收入群体，他们不仅需要持续的高质量发展，也需要包容性发展环境和积极的社会保护政策。高收入人群不仅要做高质量发展的先行者，也将在加大第三次分配力度、全面带动社会向善等方面发挥更积极的作用，并率先追求自我实现。进入新时代以来，党和国家果断采取了推动高质量发展、深化区域协调发展、坚持共享发展成果、促进民生服务发展等一系列重要举措。这些举措也将成为新时代党领导中国人民扎实推动共同富裕的重要路径，不断丰富和完善共同富裕的中国道路。

一

走高质量发展的共同富裕之路

党的二十大指出,"高质量发展是全面建设社会主义现代化国家的首要任务","我们要坚持以推动高质量发展为主题",这些论断表明中国已进入高质量发展新阶段。高质量发展与粗放式发展截然不同,是"创新成为第一动力、协调成为内生特点、绿色成为普遍形态、开放成为必由之路、共享成为根本目的"[1]的发展,其根本目的就是促进全体人民共同富裕。

(一)高质量发展是新发展阶段的必然要求

共同富裕是社会主义的本质要求,是中国式现代化的重要特征以及本质要求,是中国特色社会主义发展一以贯之的不懈追求。换句话说,促进共同富裕,是社会主义发展的历史必然。尤其是党的十八大以来,党中央把逐步实现全体人民共同富裕摆在更加重要的位置上。这意味着使全体人民朝着共同富裕目标扎实迈进,与社会主义发展的内在逻辑是一致的。党的二十大明确了我国社会主义现代化建设的宏伟目

---

[1]《中共中央关于党的百年奋斗重大成就和历史经验的决议》,《人民日报》2021年11月17日第6版。

标和重大原则，进一步体现了中国特色社会主义的本质要求和人民对美好生活的向往；更是明确将全体人民共同富裕与中国共产党领导、人口规模巨大、物质文明和精神文明相协调、人与自然和谐共生、走和平发展道路并列，成为"中国式现代化"的重要特征之一。

中国一直走在共同富裕的道路上。中华人民共和国成立以来，特别是改革开放40多年来，经过中国共产党和中国人民的不懈奋斗，我国全面建成小康社会，实现了第一个百年奋斗目标，也积累了开启新征程、实现更高目标的雄厚基础。2020年8月，习近平总书记在中南海主持召开经济社会领域专家座谈会时指出："'十四五'时期是我国全面建成小康社会、实现第一个百年奋斗目标之后，乘势而上开启全面建设社会主义现代化国家新征程、向第二个百年奋斗目标进军的第一个五年，我国将进入新发展阶段。"[1] 新发展阶段是我国社会主义发展进程中的一个重要阶段，是中国共产党带领人民迎来从站起来、富起来到强起来历史性跨越的新阶段，也是构建共同富裕的新起点。2021年1月，在省部级主要领导干部学习贯彻党的十九届五中全会精神专题研讨班开班式上，习近平总书记进一步指出："准确把握新发展阶段，深入贯彻新发展理念，加快构建新发展格局，推动'十四五'时期高质量发展，确保全面建设社会主义现代化国家开好局、起好步。"[2] 同年3月，习近平总书记在参加青海代表团审议时强调："走高质量发展之路，就要坚持以人民为中心的发展思想，坚持创新、协调、绿色、开放、共享发展。"[3] 这充分表明了随着我国进入新发展阶段，实现高质量发展将成为全面建设社会主义现代化的必由之路，也是贯彻新发展理念、适应新发展阶段的必然要求和主动选择，更是扎实促进全体人民共同富裕的重要路径。

---

[1] 习近平：《在经济社会领域专家座谈会上的讲话》，《人民日报》2020年8月25日第2版。

[2] 《习近平在省部级主要领导干部学习贯彻党的十九届五中全会精神专题研讨班开班式上发表重要讲话强调 深入学习坚决贯彻党的十九届五中全会精神 确保全面建设社会主义现代化国家开好局》，《光明日报》2021年1月12日第1版。

[3] 《习近平在参加青海代表团审议时强调坚定不移走高质量发展之路 坚定不移增进民生福祉》，《人民日报》2021年3月8日第1版。

（二）高质量发展要认识和实现潜在增长率

高质量发展的特征之一是效率变革。党的十九大指出：我国经济已由高速增长阶段转向高质量发展阶段，需要通过推动经济发展质量变革、效率变革、动力变革，不断增强我国经济创新力和竞争力，实现更高质量、更有效率、更加公平、更可持续的发展。效率变革就是强调在现有的技术水平和要素投入保持不变的情况下，社会经济产出的增加，即通过全要素生产率引领经济增长。[1]国家统计局发布的《中华人民共和国2021年国民经济和社会发展统计公报》显示：2021年我国国内生产总值（GDP）达到114.4万亿元，比上年增长8.1%，两年平均增长5.1%，经济总量占全球经济的比重预计超过18%，而这一比重在1978年只有1.7%；人均国内生产总值（GDP）突破8万元，超过世界平均水平。中国稳居世界第二大经济体位置。可见，中国共产党带领中国人民经过改革开放以来的40多年努力，使我国由一个人口众多、生产力水平和科技水平低下的欠发达国家步入中高收入国家行列，通过走"中国道路"实现了经济增长的奇迹。而经济增长无疑是共同富裕的源头。因为对于共同富裕的追求如若不是建立在经济增长的前提下，那就不是在追求共同富裕，而是在追求共同贫穷。因此，共同富裕要在经济持续增长的前提和框架下实现。我们追求最大增长率潜力的发挥，就是要让我们实际的增长速度更多地向潜在增长率收敛，只有这样社会财富才能更快增长，社会财富增长前提下的共同富裕才是真正的共同富裕。

但就现实而言，我国不仅是一个人口大国、超大规模经

---

[1] 参见茹少峰、魏博阳：《新时代中国经济高质量发展的潜在增长率变化的生产率解释及其短期预测》，《西北大学学报（哲学社会科学版）》2018年第4期。

济体，也是一个大规模的二元结构国家。这种二元体制造成了我国的经济增长潜能仍然处于某种程度的禁锢之中，所以，仅通过扩张性的货币政策和财政政策刺激无法从根本上解决经济体制扭曲对生产力的束缚，无法改善或释放闲置和低利用的要素以及被锁住的资产价值。这就需要通过强有力的市场化改革来实现对经济增长潜能的释放。[1]高质量发展一方面是一个发展问题，是以新发展理念为指导的经济发展质量的高级状态，需要通过增强自主创新能力，加快科技自立自强等来实现。另一方面，高质量发展根本上还是一个改革问题，是要坚定不移推进经济体制改革和供给侧结构性改革等，建设高标准市场体系，释放经济增长活力；是要健全以公平为原则的产权保护制度和公平竞争制度等相关制度，保护市场主体，维护公平竞争环境；是要深化要素市场化配置改革，有效推动城乡资源要素双向均衡互补流动。因此，共同富裕需要实现经济增长向潜在增长率收敛，而潜在增长率的提升则要依靠高质量发展来实现。

（三）高质量发展要坚持以人民为中心

坚持人民立场是马克思主义理论的本质要求，是马克思主义政党的根本立场，也是马克思主义者奋斗的价值取向。在《共产党宣言》中，马克思恩格斯就曾指出："无产阶级的运动是绝大多数人的，为绝大多数人谋利益的独立的运动。"[2]正因如此，中国共产党始终将"全心全意为人民服务"作为宗旨，将以人民为中心作为一以贯之的执政理念，作为坚持和发展中国特色社会主义的基本方略。在中国特色社会主义新时代，党中央也一再强调必须坚持以人民为中心，推

---

[1] 参见周天勇：《经济增长：要素市场化效率与土地和住宅资产化溢值——基于二元体制改革视角对中国增长奇迹的一种解释》，《财经问题研究》2022年第3期。

[2] 中共中央马克思恩格斯列宁斯大林著作编译局编译：《马克思恩格斯选集》第1卷，人民出版社2012年版，第411页。

动人的全面发展，推动全体人民共同富裕取得更为明显的实质性进展。在《中华人民共和国国民经济和社会发展第十四个五年规划和2035年远景目标纲要》中，"坚持以人民为中心。坚持人民主体地位，坚持共同富裕方向，始终做到发展为了人民、发展依靠人民、发展成果由人民共享"被当作"十四五"时期经济社会发展必须遵循的一条基本原则。党的二十大将坚持以人民为中心的发展思想作为全面建设社会主义现代化国家的重大原则之一，并强调要"维护人民根本利益，增进民生福祉，不断实现发展为了人民、发展依靠人民、发展成果由人民共享，让现代化建设成果更多更公平惠及全体人民"。可见，以人民为中心是促进共同富裕的基本前提和立场保证。新时代我国社会的主要矛盾是人民日益增长的美好生活需要和不平衡不充分的发展之间的矛盾。而高质量发展正是聚焦于我国社会的主要矛盾，旨在通过不断提升经济社会发展质量，从而更好地满足人民多层次的美好生活需要。所以，"高质量发展，就是能够很好满足人民日益增长的美好生活需要的发展"[1]。同时，高质量发展又不仅限于此。

随着城市化水平不断提升，人民的质量意识不断增强，高质量发展还在于增强人民对于"高质量"的感知，在于更好地满足人民对于高质量的需求。2021年最终消费支出对经济贡献率为65.4%，表明消费升级拉动我国国内生产总值（GDP）增长的空间巨大，从而显现出人民的需求对于发展的重要程度。随着人民对发展的要求由"量"的丰富向"质"的提升转变，高质量发展也要从单纯地对总量扩展的追求，向适应人民对"质"的更高标准的需求转变，或者说，不仅要体现出量的增长，更要让人民感受到"质"的提升。另一方面，高质量发展又内含着要更好地发挥人民群众的积极性、

---

[1] 习近平：《习近平谈治国理政》第3卷，外文出版社2020年版，第238页。

主动性和创造性。习近平总书记强调："老百姓是天，老百姓是地。"[1] 高质量发展不仅意味着发展上的改变，更是内含着人民思维和观念的转变以及首创精神的发挥，如果缺少人民群众的支持与践行，如果与人民的意愿相悖，就如同无源之水、无本之木。所以，高质量发展需充分体现人民群众的心声，将人民群众更强的获得感、幸福感、安全感作为评价高质量发展的基本标准，将促进人的全面发展作为高质量发展的根本目标。因此，高质量发展源自人民，又造福人民，只有坚持以人民为中心的高质量发展，才能使人民群众的物质生活和精神生活都得到满足，才能在真正意义上实现全体人民共同富裕。

---

[1] 中共中央宣传部：《习近平新时代中国特色社会主义思想三十讲》，学习出版社2018年版，第88页。

二

走区域协调发展的共同富裕之路

共同富裕是全体人民的富裕,而全体人民的居住地分散于国家的各个区域。不同地区居民的富裕程度,又由其所在区域的发展水平决定。所以,共同富裕不仅表现为个人在收入、教育、医疗、养老等方面差距的缩小,也表现为不同区域间发展差距的缩小。因此,解决区域发展问题,促进不同区域间的共同发展,是实现共同富裕的重要前提和方向。正因如此,党和国家高度重视区域协调发展问题,在"先富"带动"后富"的重要思想指导下,先后制定了西部大开发、东西协同、东北振兴、革命老区振兴等重要战略。正是在中国共产党的领导下,中国走出了一条区域协调发展的共同富裕之路。

(一)"先富"带动"后富"的区域协调发展

1980年7月,邓小平提出了"先富"带动"后富"的战略设想。在谈到经济建设方针问题时,邓小平指出:"不仅全国,一个省、一个社、一个队也是这样。百分之二十先富起来,会把其他的带动起来。不能什么都靠上级推动,而应当运用经济杠杆。"[1] 在此后，邓小平从宏观和微观两个层面对"先富"带动"后富"战略的实施作出了具体部署。从宏观来看，他提出了"两个大局"的伟大构想，即"沿海地区要加快对外开放，使这个拥有两亿人口的广大地带较快地先发展起来，从而带动内地更好地发展，这是一个事关大局的问题。内地要顾全这个大局。反过来，发展到一定的时候，又要求沿海拿出更多力量来帮助内地发展，这也是个大局。那时沿海也要服从这个大局。"从微观来看，他也提出了一系列的具体举措。例如，"搞了大包干，也是一年翻身，改变面貌"[2]；"要有奖有罚，奖罚分明。对干得好的、干得差的，经过考核给予不同的报酬。我们实行精神鼓励为主、物质鼓励为辅的方针"，"但物质鼓励也不能缺少"，"奖金制度也要恢复。对发明创造者要给奖金，对有特殊贡献的也要给奖金"。[3] 在1994年1月执行的《中华人民共和国教师法》第二十五条中规定："教师的平均工资水平应当不低于或者高于国家公务员的平均工资水平，并逐步提高。"正是政策支持，引致了回流效应与极化效应，使部分地区已经率先实现了富裕，并形成了所谓"富人俱乐部"区域。[4] 这种"先富"既"符合改革开放发展经济的初衷"，也"符合中国共产党代表人民群众基本利益的立场"。[5]

  这一战略在脱贫攻坚战中也得到了充分贯彻。在脱贫攻坚期间，习近平总书记就强调："增强饮水思源、不忘党恩的意识，弘扬为党分忧、先富帮后富的精神，对于打赢脱贫攻坚战很有意义。"[6] 大到一个集体，小到许多个体，通过个体带动个体、个体带动集体、集体带动个体、集体带动集体等形式，充分展现出"先富"带动"后富"的战略成效。脱贫攻坚所形成的"强化精准扶贫、重视发挥帮扶者和被帮扶者

---

1 中共中央文献研究室编：《邓小平思想年编（1975—1997）》，中央文献出版社2011年版，第321页。
2 邓小平：《邓小平文选》第2卷，人民出版社1994年版，第315页。
3 邓小平：《邓小平文选》第2卷，人民出版社1994年版，第102页。
4 参见孙红玲：《论崛起三角向均衡三角的有机扩散——基于"两个大局"战略与大国崛起之路》，《中国工业经济》2009年第1期。
5 参见肖平、刘诗富：《再析"先富带动后富"》，《科学社会主义》2015年第6期。
6 《习近平对浙江安吉黄杜村农民党员向贫困地区捐赠白茶苗作出指示强调增强饮水思源不忘党恩意识 弘扬为党分忧先富帮后富精神》，《人民日报》2018年7月7日第1版。

两个积极性、重视扶贫同扶志扶智相结合"[1]等重要理论成果，也无不体现着"先富"带动"后富"的战略要义。在"两个大局"重要思想的指导下，随着"先富"帮"后富"战略的不断推进，我国东部地区在快速发展起来以后，也已有效带动了中、西部地区的发展，东、中、西部间的差距正逐步缩小。1978年东部地区人均生产总值约为中部和西部地区的1.7倍和1.8倍，1993年扩大到2.1倍和2.2倍，到2021年已经缩小到1.5倍和1.7倍。但也应当看到的是，先富地区通过经济增长的空间外溢虽然带动了部分邻近的地区共同富裕，但这种带动作用的有效范围有限，带动程度也存在差异。[2]这一方面是由禀赋效应所引发的"先富群体不愿意放弃其部分既得利益"；另一方面极少数人由于缺乏自我控制力，使人性的缺点无限放大，产生短视、贪婪等问题。[3]为此，应当进一步丰富"带动"模式。例如，采取以生产要素互补和高效利用为目的的"飞地"抱团模式，进一步强化发达地区对欠发达地区的跨区域辐射带动。同时，也应当充分发挥社会主义制度优势，提升"带动"效果，一方面推动"两不愁三保障"的全面"升级"，从脱贫人口拓展到低收入人群，逐步提升低收入群在吃、穿、教育、医疗、住房等方面的标准和水平；另一方面"建立、完善以纵向为主、横向为辅的转移支付制度"，加强"后富"地区市场化改革。[4]此外，还应当通过各种官方媒介，大力宣传"先富"带动"后富"的必然性、必要性和社会效果，进而让相应人群形成正确的认知和价值观，并内化为行为准则。

（二）战略性整体推进区域协调发展

我国区域协调发展具有战略性和整体性的特征，这主要

---

[1] 郑宝华、宋媛：《中国脱贫攻坚对人类反贫困理论的贡献》，《云南社会科学》2021年第5期。

[2] 参见覃成林、杨霞：《先富地区带动了其他地区共同富裕吗——基于空间外溢效应的分析》，《中国工业经济》2017年第10期。

[3] 参见薛宝贵、何炼成：《先富带动后富实现共同富裕的挑战与路径探索》，《马克思主义与现实》2018年第2期。

[4] 蒙慧：《从"先富"带动"后富"角度解析区域共同富裕困境》，《西南大学学报（社会科学版）》2013年第4期。

体现在西部大开发战略、东西部发展协作战略、东北振兴战略、革命老区振兴战略的整体推进。2021年《中华人民共和国国民经济和社会发展第十四个五年规划和2035年远景目标纲要》将"深入推进西部大开发、东北全面振兴、中部地区崛起、东部率先发展，支持特殊类型地区加快发展，在发展中促进相对平衡"作为"深入实施区域协调发展战略"的重要内容；2022年，党的二十大进一步确认要"推动西部大开发形成新格局，推动东北全面振兴取得新突破，促进中部地区加快崛起，鼓励东部地区加快推进现代化。支持革命老区、民族地区加快发展"，从而明确了"十四五"时期乃至今后更长时期西部大开发、东西部协作、东北振兴、革命老区振兴等在区域协调发展战略实施中的重要地位。

整体推进西部大开发战略与东西部协作战略

党和国家一直以来十分重视西部地区的发展，自2000年西部开发办成立以来，党和国家先后颁布了《关于实施西部大开发若干政策措施的通知》《"十五"西部开发总体规划》《国务院关于进一步推进西部大开发的若干意见》《西部大开发"十一五"规划》《中共中央 国务院关于深入实施西部大开发战略的若干意见》《西部大开发"十二五"规划》《西部大开发"十三五"规划》《中共中央 国务院关于建立更加有效的区域协调发展新机制的意见》《西部陆海新通道总体规划》《中共中央 国务院关于新时代推进西部大开发形成新格局的指导意见》等重要文件，并大力推动东西部帮扶协作工作。自1996年党中央作出"东西部扶贫协作"的重大决策以来，我国东西部扶贫协作的内容和机制不断得到丰富和优化，并呈现出多层次、多形式、宽领域的特征。

2012年党的十八大以来，我国先后出台了《关于进一步加强东西部扶贫协作工作的指导意见》《东西部扶贫协作成效评价办法》等一系列关于促进东西部扶贫协作的重要文件，使东西部扶贫协作的规范化和制度化水平得到进一步提高，同时也形成了如"闽宁协作""沪滇协作""两广协作"等多种协作模式。在2021年4月的全国东西部协作和中央单位定点帮扶工作推进会上提出了将"东西部扶贫协作"扩展升级为"东西部协作"。东西部协作实际上是发展协作，不仅强化了区域间带动，以东部的优势弥补了西部的短板，推动了区域协调发展，也有效提升了西部地区，尤其是脱贫地区居民的就业、教育、生活水平，使"先富"带动"后富"的思想得以落地生根，促进了共同富裕。在党和国家的关注及相关政策的支持下，东西部差距逐步缩小。2000年西部地区的人均生产总值仅相当于东部地区的40.76%，而到2021年这一数据已提高到59.60%。但需要注意的是，当前的东西部协作维度还较为单一。一是在协作关系上，由于一再强化东部的带动责任，因而在协作上更多呈现出东部帮助西部的单一维度，尚未形成优势互补，不利于保持长久的协作关系；二是在协作内容上，更多集中于经济发展层面，较少涉足社会建设领域；三是在协作主体上，主要是以政府为主，市场和社会力量较为缺乏。为此，需要通过进一步完善相关制度，加强政策引导，深化合作共赢的协作机制，激发社会力量参与的激励机制，引导协作领域向产业、教育、医疗卫生、科技、环保、社会治理等方面不断拓展。

转换发展动能促进东北振兴

东北振兴是我国区域协调发展中具有重要意义和典型性的重大战略。改革开放初期，随着全党全国的工作重心转移到以经济建设为中心的社会主义现代化建设上，以及"两个大局"的重要思想的提出，东部沿海地区得到快速发展，但随之而来的是东北地区与东部地区发展差距逐渐增大。为此，自"七五"时期开始，党和国家对东北地区振兴发展问题愈发重视，开始着手从企业和产业等方面对以东北地区为重点的大型老工业基地进行调整和改造，并给予政策倾斜。党的十六大明确提出"支持东北地区等老工业基地加快调整和改造"。随后，2003年10月，《中共中央 国务院关于实施东北地区等老工业基地振兴战略的若干意见》的印发，标志着东北地区等老工业基地振兴战略正式启动，也意味着对于东北地区的振兴政策从过去的企业和产业调整改造转变为区域战略。

党的十八大以来，党和国家进一步对东北振兴工作进行系统部署。2016年2月，《中共中央 国务院关于全面振兴东北地区等老工业基地的若干意见》提出了东北地区等老工业基地的全面振兴"事关我国区域协调发展总体战略的实现"，要"加快实现东北地区等老工业基地全面振兴"，从而将东北地区振兴提升到了更高的战略地位。党的十九大进一步提出"深化改革加快东北等老工业基地振兴"，并提出了具体的要求。习近平总书记也高度关注东北振兴问题，并多次到东北地区调研。2018年9月，在深入推进东北振兴座谈会上，习近平总书记作出了"新时代东北振兴，是全面振兴、全方位振兴"的重要论断，从而明确了新时代东北振兴的目标和方向，也标志着新时代东北振兴战略的全面开启。同时，习近平总书记还尤其重视东北振兴中的民生问题，他指出："补齐民生领域短板，让人民群众共享东北振兴成果。要确保养老金按时足额发放，确保按时完成脱贫任务，完善社会救助体系，保障好城乡生活困难人员基本生活。"[1]正是在党和国家

---

[1]《习近平在东北三省考察并主持召开深入推进东北振兴座谈会时强调解放思想锐意进取深化改革破解矛盾 以新气象新担当新作为推进东北振兴》，《人民日报》2018年9月29日第1版。

的高度重视和区域协调发展的深入推进中，东北地区也实现了快速发展，居民收入和生活水平不断上升。2019年至2021年间，东北地区生产总值由50249亿元增长至55699亿元，人均生产总值从51006元增长至56539元。从年度增长率来看更为明显，2020年东北地区生产总值增长幅度为2.4%，人均生产总值增长幅度为1.7%，而到了2021年这两个数据的增长幅度分别为6.1%和8.2%。但另一方面，当前东北地区国有经济比重较大，营商环境不佳，人口外流明显，产能利用率低于全国平均水平，内外部的合作带动能力尚显不足。为此，应加快新兴产业的发展和对传统产业的改造，改善营商环境，促进经济发展动能转换，强化哈长城市群、辽中南城市群及沿海经济带的带动能力，并加强城市群之间以及相邻省份或地区之间的合作，从而进一步提升东北地区的内生发展动力。

激活"红绿"资源，加快革命老区振兴发展

革命老区振兴也是我国区域协调发展战略的重要内容。党的十八大以来，党和国家出台了一系列重要文件，尤其是"十三五"期间，党和国家先后出台了《关于新时代支持革命老区振兴发展的意见》《陕甘宁革命老区振兴规划（2012—2020年）》《赣闽粤原中央苏区振兴发展规划（2014—2020年）》《大别山革命老区振兴发展规划（2015—2020年）》《左右江革命老区振兴规划（2015—2025年）》《川陕革命老区振兴发展规划（2016—2020年）》等指导意见和专项规划，用以支持革命老区建设发展。2021年《中华人民共和国国民经济和社会发展第十四个五年规划和2035年远景目标纲要》又将"统筹推进革命老区振兴"作为"深入实施区域协调发展战略"的重要内容，并在同年出台了"十四五"时期革命老区振兴发展的纲领性文件——《国务院关于新时代支持革命老区振兴发展的意见》，从而进一步明确了革命老区振兴在新时期区域协调发展战略实施和深入推进中的重要性。

在革命老区振兴战略的实施与推动下，革命老区的特色产业得到显著发展，生态环境得到持续改善，基础设施建设步伐不断加快。但是由于受客观因素的制约，革命老区的经济社会发展在全国范围内仍处于较低水平，居民收入水平也相对偏低，仍然存在致贫返贫的风险，并且资源优势尚未得到充分发挥，尤其是红色资源尚未得到充分挖掘和利用，无法完全转化为发展动能。为此，要充分利用和激活优势资源，做好"红绿"文章，一方面在推动红色文化的传承与创新的基础上，打造和发展红色文化旅游景区、路线、名城、名镇等，激活"红色"资源；另一方面加强水土山林的综合治理与防护，推动绿色产业发展，建立健全生态产品价值实现机制，激活"绿色"资源。

三

走共享发展成果的共同富裕之路

2015年,党的十八届五中全会指出:"共享是中国特色社会主义的本质要求。必须坚持发展为了人民、发展依靠人民、发展成果由人民共享,作出更有效的制度安排,使全体人民在共建共享发展中有更多获得感,增强发展动力,增进人民团结,朝着共同富裕方向稳步前进。"[1]这表明只有共享发展成果才能实现共同富裕,而形成共享发展的分配格局、建立全社会所共享的福利体系、构建分配合理的基础性制度体系则是达到共享、实现富裕的重要保障和根本路径。

(一)形成共享发展的分配格局

分配问题是推进共同富裕过程中最为突出的问题,也是最需要优先解决的问题。而解决分配问题的唯一路径就是"共享"。恩格斯在《共产主义原理》中曾指出"共享"是分配的最终旨归,他认为,私有制必须废除,"而代之以共同使用全部生产工具和按照共同的协议来分配全部产品,即所谓财产公有"[2]。在《共产党宣言》中,马克思恩格斯又进一步

---

[1] 中共中央文献研究室编:《十八大以来重要文献》(中),中央文献出版社2016年版,第793页。
[2] 中共中央马克思恩格斯列宁斯大林著作编译局编译:《马克思恩格斯选集》第1卷,人民出版社2012年版,第302—303页。

指出,"代替那存在着阶级和阶级对立的资产阶级旧社会的,将是这样一个联合体,在那里,每个人的自由发展是一切人的自由发展的条件",[1]从而进一步揭示了"共享"与"发展"的内在关联,也进一步明确了共享发展所内含的分配意蕴,同时指明了分配的变革与优化的方向。

作为马克思主义政党,中国共产党自成立以来就一直致力于解决分配问题,为实现"共享发展"而努力奋斗。在新民主主义革命时期提出了实现生产资料和劳动产品的平均分配,在社会主义革命和建设时期强调以按劳分配为唯一原则,在改革开放和社会主义现代化建设新时期实行按劳分配与按生产要素分配相结合。[2]党的十八大以来,以习近平同志为核心的党中央创造性地提出了"共享发展"的新理念。2012年党的十八大提出了"两个同步"和"两个提高",即实现居民收入增长与经济发展同步、劳动报酬增长与劳动生产率提高同步,以及提高居民收入在国民收入分配中的比重、提高劳动报酬在初次分配中的比重,初步体现了发展成果由人民共享的意蕴。在此基础上,2015年党的十八届五中全会提出了共享发展理念,对共享发展的目标及如何共享发展成果进行了具体解释。2020年党的十九届五中全会又进一步将"共享"作为"十四五"时期经济社会发展指导思想的重要内容。

共享发展思想的形成,充分体现了中国共产党建党百年来对马克思主义利益共享思想的继承与发展,是马克思主义分配理论的重要内容,顺应了新时代中国特色社会主义的发展需要,也是对我国当前发展不平衡不充分的时代难题作出的有力回应。同时,共享发展思想的形成也是源于中国共产党对于人民利益的重视。共享的主体是人民,因此共享发展也是为了人民,依靠人民,由人民共享成果的发展,是以人

---

[1] 中共中央马克思恩格斯列宁斯大林著作编译局编译:《马克思恩格斯选集》第1卷,人民出版社2012年版,第422页。

[2] 参见朱方明、贾卓强:《共担、共建、共享:中国共产党百年分配思想演进与制度变迁》,《经济体制改革》2021年第5期。

民为中心的发展。这不仅体现了中国共产党全心全意为人民服务的根本宗旨，也体现了共同富裕的内涵特征，标志着我国民生事业正在整体性地大跨度前进，也意味着中国特色社会主义发展和现代化进程已步入民生发展的新时代。在共享发展的引领下，分配的层次、方式及内容都得到了不同程度的提升、革新和丰富，使分配不再囿于物质给予、宏观调节和产品范围，而是从可持续的角度和人民的需求出发推动劳动产品的分配向要素资源的分配延伸，消费领域向资源领域扩展，占有利益向让渡利益转变，[1]实现物质领域与精神领域的相辅相成，最终达到共同富裕。

（二）建立全社会所共享的福利体系

社会发展有很多衡量标准，社会福利的发展就是其中的一个重要方面。福利产生于贫困，在人民群众对分配正义和公平的追求过程中得以发展。并且，随着人们的追求从物质领域上升到精神领域，福利的层次也从物质层面逐渐上升到精神层面。马克思恩格斯就曾指出，无产阶级奋斗和革命的目标之一，就是建立为全社会所共享的福利。为此，他们将资本主义社会的福利与共产主义或者说社会主义的福利相比较。马克思恩格斯认为："在工人自己所生产的日益增加的并且越来越多地转化为追加资本的剩余产品中，会有较大的部分以支付手段的形式流回到工人手中，使他们能够扩大自己的享受范围，有较多的衣服、家具等消费基金，并且积蓄一小笔货币准备金。但是，吃穿好一些，待遇高一些，特有财产多一些，不会消除奴隶的从属关系和对他们的剥削，同样，也不会消除雇佣工人的从属关系和对他们的剥削。由于资本

---

[1] 参见杨宏伟、张倩：《共享发展是新时代深化分配制度改革的目标指向》，《东北大学学报（社会科学版）》2018年第6期。

积累而提高的劳动价格，实际上不过表明，雇佣工人为自己铸造的金锁链已经够长够重，容许把它略微放松一点。"[1]而"由社会全体成员组成的共同联合体来共同而有计划地尽量利用生产力；把生产发展到能够满足全体成员需要的规模；消灭牺牲一些人的利益来满足另一些人的需要的情况；彻底消灭阶级和阶级对立；通过消除旧的分工，进行生产教育、变换工种、共同享受大家创造出来的福利，以及城乡的融合，使社会全体成员的才能能得到全面的发展；——这一切都将是废除私有制的最主要的结果"[2]。因此，提供高于资本主义国家的社会福利始终是无产阶级政党执政的根本宗旨。

作为无产阶级政党，中国共产党始终将领导社会福利建设以及发展社会福利事业作为社会建设的大事。新民主主义革命时期，中国共产党人将土地作为提升社会福利的重要因素，通过推动土地革命及转变土地政策使农民的生活得到了改善和保障。中华人民共和国成立后，尤其是社会主义探索时期，党中央大力推动社会福利事业的发展，20世纪80年代初，确立了城镇"单位福利"和农村"五保供养制度、医疗合作制度"的社会福利体系。改革开放后，随着我国经济实力的不断增强，以人民为中心的福利体系建设的目标也逐渐清晰。20世纪90年代，我国在城市基本建立起社会保障体系；21世纪前10年，我国在农村建立起基本社会保障体系。2012年党的十八大提出"五位一体"的理论体系，包括经济、政治、文化、社会、生态文明五大方面，强调通过保障和改善社会福利，来促进人民的收入和生活水平的提升。

在新时代，中国共产党将共享发展理念作为价值引领，不断强化社会福利的互助共济功能，通过打造"共建共治共享型"社会福利，[3]构筑通往共同富裕的中国道路。

---

[1] 中共中央马克思恩格斯列宁斯大林著作编译局编译：《马克思恩格斯全集》第44卷，人民出版社2001年版，第713—714页。

[2] 中共中央马克思恩格斯列宁斯大林著作编译局编译：《马克思恩格斯全集》第4卷，人民出版社1958年版，第371页。

[3] 参见苏昕、李伟嘉：《中国共产党领导社会福利建设的理论基础与百年实践》，《西南民族大学学报（人文社会科学版）》2021年第6期。

（三）构建协调配套的基础性分配制度体系

分配制度的改革、创新和完善对于共同富裕目标的实现具有重要意义。[1] 改革开放以来，在我国公有制为主体，多种所有制经济共同发展的基本经济制度下，逐步建立了按劳分配与按生产要素分配并行且相互渗透的分配原则和制度安排。[2] 从改革开放全过程看，正是从农村到企业、从沿海到全国的分配体制改革，极大地推动了中国经济的快速发展，不断向着共同富裕的目标迈进。[3] 党的十八大以来，党和国家通过推动就业、社保、养老、医保及住房保障等相关制度的系列改革，在优化分配制度的同时，也为推进共同富裕提供了重要的制度保障。[4] 在此基础上，2020年党的十九届五中全会通过的《中共中央关于制定国民经济和社会发展第十四个五年规划和二〇三五年远景目标的建议》在"提高人民收入水平"部分再次强调"坚持按劳分配为主体、多种分配方式并存"，并对初次分配、再分配、第三次分配的相关制度构建提出了具体要求。随后，在2021年8月中央财经委员会召开的第十次会议中进一步强调，通过"构建初次分配、再分配、三次分配协调配套的基础性制度安排"，扎实推进共同富裕。党的二十大将分配制度明确为"促进共同富裕的基础性制度"，并强调要"坚持按劳分配为主体、多种分配方式并存，构建初次分配、再分配、第三次分配协调配套的制度体系。"这充分表明了构建新时代中国特色社会主义分配制度将是实现合理分配，进而实现全体人民共同富裕取得更为明显的实质性进展的关键。

在初次分配方面，要妥善处理按劳分配与按生产要素分

---

[1] 参见彭月英、李红雁：《分配制度改革与共同富裕目标实现路径》，《求索》2005年第9期。

[2] 参见谢地：《以共同富裕为原则设计新时代中国特色社会主义分配制度》，《政治经济学评论》2018年第6期。

[3] 参见陈宗胜：《试论从普遍贫穷迈向共同富裕的中国道路与经验——改革开放以来分配激励体制改革与收入差别轨迹及分配格局变动》，《南开经济研究》2020年第6期。

[4] 参见冉昊：《开启全体人民共同富裕的现代化新征程：基于分配改革的路径研究》，《科学社会主义》2021年第4期。

配的关系。对此，2022 年，党的二十大指出要"提高劳动报酬在初次分配中的比重。坚持多劳多得，鼓励勤劳致富"，要"完善按要素分配政策制度，探索多种渠道增加中低收入群众要素收入。"按劳分配是社会主义初级阶段的基本分配方式，是实现共同富裕的制度保障。劳动力是最大的资源，是资源要素中最活跃的因素，因而劳动力市场回报率是我们追求共同富裕时首先要关注的问题。在初次分配中，劳动力因素占分配的份额越高，越有利于实现共同富裕。但如果单纯地把劳动力工资水平提高，会妨碍市场在资源配置中的基础性作用，造成资本对劳动的替代，这在长期来看反而不能增加劳动者的收入，不利于实现共同富裕。因此，只能通过市场机制的选择作用，在现象形态上将按劳分配转化为按要素分配的方式，将劳动所创造的价值通过不同要素的价格显现出来。所以，既要坚持按劳分配的主体地位，通过完善薪酬制度，提高劳动报酬在初次分配中的比重，也要建立一个更加完善的生产要素市场，通过劳动、土地、资本等各种渠道提高低收入人群的收入。

在再分配方面，要充分发挥税收和社保的积极调节作用。在 2020 年党的十九届五中全会通过的《中共中央关于制定国民经济和社会发展第十四个五年规划和二〇三五年远景目标的建议》中指出："完善再分配机制，加大税收、社保、转移支付等调节力度和精准性，合理调节过高收入。"2022 年，党的二十大强调要"加大税收、社会保障、转移支付等的调节力度"。实现共同富裕需要构建一套合理的社会提取、平衡和调控制度。而社会调控最重要的手段之一就是税收，这也是行政平衡最常见的手法。[1]邓小平就曾指出："解决的办法之一，就是先富起来的地区多交点利税，支持贫困地区的发展。"[2]

---

1 参见肖平、刘诗富：《再析"先富带动后富"》，《科学社会主义》2015 年第 6 期。
2 中共中央文献研究室编：《邓小平思想年编（1975—1997）》，中央文献出版社 2011 年版，第 706 页。

为此，需要提高税收的调节力度，提高税收收入在财政总收入中的比重，调整劳动收入与资本收入征税比例，减轻中等收入群体税负，完善和细化调节分配的税种，[1]构建科学合理的税收体系。而社会保障作为反贫困的基础性制度安排以及国民收入再分配的重要途径，一方面需要进一步改革社保缴费制度，使其更具累进性，从而起到缩小老年人的收入差距的作用；另一方面也要增强其反贫困功能，对于法定社保项目要缩小城乡待遇差距，均衡区间运行成本，并推动项目体系向农村拓展，确保其与农村经济社会协调发展。[2]

此外，要进一步完善第三次分配的制度架构。在2020年党的十九届五中全会通过的《中共中央关于制定国民经济和社会发展第十四个五年规划和二〇三五年远景目标的建议》中还指出："发挥第三次分配作用，发展慈善事业，改善收入和财富分配格局。"2022年，党的二十大指出，要"引导、支持有意愿有能力的企业、社会组织和个人参与公益慈善事业"。作为对初次分配和再分配的有益补充，第三次分配有利于激发共同富裕的内生动力。"培育和引导从事慈善公益和提供基本公共服务的社会主体，拓展第三次分配范畴；建立和完善第三次分配推动共同富裕及回报社会的相关机制"[3]；营造有益于慈善事业发展的良好的社会环境以及出台激励社会捐助的制度和鼓励性政策；要适时对《慈善法》进行修订完善，规范和促进慈善捐赠行为，改善第三次分配资金的使用效果。通过对初次分配、再分配、第三次分配的制度创新，力求使三个层次的分配制度能够在促进共同富裕中发挥更大的作用。

---

1 参见周锟：《百年党史中税收制度改革与共同富裕思想的重要互动》，《国际税收》2021年第6期。
2 参见何文炯、潘旭华：《基于共同富裕的社会保障制度深化改革》，《江淮论坛》2021年第3期。
3 参见江亚洲、郁建兴：《第三次分配推动共同富裕的作用与机制》，《浙江社会科学》2021年第9期。

四

走民生服务发展的共同富裕之路

2019年，中国共产党第十九届四中全会通过的《中共中央关于坚持和完善中国特色社会主义制度 推进国家治理体系和治理能力现代化若干重大问题的决定》提出："必须健全幼有所育、学有所教、劳有所得、病有所医、老有所养、住有所居、弱有所扶等方面国家基本公共服务制度体系，尽力而为，量力而行，注重加强普惠性、基础性、兜底性民生建设。"习近平总书记也多次强调要重视"普惠性、基础性、兜底性民生建设"问题。2021年《中华人民共和国国民经济和社会发展第十四个五年规划和2035年远景目标纲要》将提高基本公共服务均等化水平、创新公共服务提供方式、完善公共服务政策保障体系等作为"增进民生福祉"的主要内容。2021年8月，习近平总书记在中央财经委员会第十次会议上进一步将"促进基本公共服务均等化"作为"扎实推动共同富裕"的主要路径之一。2021年12月发布的《"十四五"公共服务规划》中进一步明确了"扎实推动公共服务高质量发展"的指导思想就是"推动全体人民共同富裕迈出坚实步伐"。2022年党的二十大再次强调要"健全基本公共服务体系，提高公共服务水平，增强均衡性和可及性，扎实推进共同富裕"。这既表明了公共服务发展与实现共同富裕密切相关，也表明了推动公共服务高质量发展的路径在于加强普惠性、基础性、兜底性民生建设。

（一）普惠性民生服务发展

早在计划经济时期，由国家、单位和集体提供全方位福利保障的普惠型民生保障模式就已经作为当时开展民生保障的一种主要模式。但当时实行这种模式主要是为了保障民众基本生活，克服供应短缺的困难，是不得不选择的一种分配方式，总体保障水平普遍低下。改革开放后，随着市场经济体制的确立，可选择性的城市居民最低生活保障制度及综合性的社会救助制度逐渐取代了原有的带有普惠性特征的全方位福利保障制度。[1] 进入21世纪以来，伴随我国民生服务的快速发展，尤其是"基本公共服务均等化"的提出，普惠性民生服务得以快速发展。

普惠性民生服务主要体现在为民众提供相同的社会服务上。因此，普惠性民生服务首先建立在以人民为中心的发展的基础之上，充分反映着"发展为了人民、发展依靠人民、发展成果由人民共享"的理念。我国公共服务也向着无差别地惠及全民的方向不断发展。在2021年12月出台的《"十四五"公共服务规划》中就明确指出，"基本公共服务是保障全体人民生存和发展基本需要、与经济社会发展水平相适应的公共服务"，"坚持以促进机会均等为核心，推动实现全体公民都能公平可及地获得大致均等的基本公共服务"。其中尤其强调老年人、残疾人、未成年人等人群，以及城乡低保户、低收入住房困难家庭等特殊群体。这都充分体现了

---

[1] 参见关信平：《全面建成小康社会条件下我国普惠性民生建设的方向与重点》，《经济社会体制比较》2020年第5期。

我国公共服务发展所惠及的对象是全体居民，也充分体现了我国公共服务的发展始终致力于"决不让一个少数民族、一个地区掉队""决不能让困难地区和困难群众掉队""绝不能落下一个贫困地区、一个贫困群众"。此外，普惠性民生服务还体现在民生福祉的增进上。《"十四五"公共服务规划》在强调"持续推进基本公共服务均等化"的同时，还提出了"多元扩大普惠性非基本公共服务供给""加强养老、托育、教育、医疗等领域普惠性规范性服务供给，面向广大人民群众提供价格可负担、质量有保障的普惠性非基本公共服务"。这进一步拓展了普惠性民生服务的范畴，从而在保障全体人民生存和发展的基本需求的基础上，更好地满足全体人民更高层的需求以及对机会均等的要求。

到"十三五"期末，我国养老、托育、教育、医疗等服务和保障能力得到显著提升，全国养老机构和设施总数达到31.9万个，养老服务床位数达到823.8万张；普惠性幼儿园覆盖率达到84.7%；九年义务教育巩固率达到95.2%、大班额基本消除，高中阶段教育毛入学率达到91.2%，高等教育毛入学率为54.4%，进入普及化发展阶段；每千人口医疗卫生床位数达到6.5张，每千人口拥有执业（助理）医师数达到2.9人。但是普惠性民生服务在质量、规范、水平等方面还有待提高。为此，一是在实现为全民"保基本"的基础上，也要"保质量"，既要与民众在教育、医疗、养老等方面服务的高质量要求相适应，也要与经济社会的高质量发展相适应，从而实现以高质量的普惠性民生服务促进经济社会的高质量发展；二是要通过建立制度来明确责任主体、覆盖对象，构建有关经费、资源和服务的供给和保障的制度体系；三是进一步扩展服务范围、提升服务水平，力求使普惠性民生服务发展与经济社会发展水平相一致。

（二）基础性民生服务发展

计划经济时期，我国民生保障一方面尚未对基础性与非基础性进行区分；另一方面不同群体之间的保障水平和内容也存在很大差异。改革开放后，原有的民生保障制度体系难以有效运转，为了保障民众的基本需求，党和国家建立了包括最低生活保障制度、基本养老保险和基本医疗保险制度等在内的新的民生保障制度体系，加之各级政府对民生保障的投入不断增加，民生保障覆盖面不断拓展。党的十八大以来，党和国家在注重保障民众的基本需求的同时，更加注重民生保障的公平性，城乡之间、不同群体之间的差异逐步缩小。[1]

恩格斯曾指出："人们首先必须吃、喝、住、穿……然后才能争取统治，从事政治、宗教和哲学等等。"[2] 所以，任何人做任何事的前提都是基于吃、喝、住、穿等基本需求能够得到满足。基础性民生服务首先就是体现在服务于民众的基本需求，也就是为民众的吃、喝、住、穿等基本需求的满足提供服务保障。同时，基础性民生服务的标准也应与经济社会的发展水平相适应。马克思认为："我们的需要和享受是由社会产生的；因此，我们在衡量需要和享受时是以社会为尺度，而不是以满足它们的物品为尺度的。因为我们的需要和享受具有社会性质，所以它们具有相对的性质。"[3] 这意味着民众的基本需求受经济社会发展的影响，对基本需求标准的衡量也应基于经济社会发展水平。随着经济社会发展水平提高，基本公共服务标准或范围也应相应地得到扩展。然而，在市场经济条件下，随着经济社会发展在一定程度上造成分配的差异化，每个人的基本需求也会产生相应的差异，因而

---

[1] 参见关信平：《加强基础性民生建设促进共同富裕》，《江苏行政学院学报》2022年第1期。
[2] 中共中央马克思恩格斯列宁斯大林著作编译局编译：《马克思恩格斯文集》第3卷，人民出版社2009年版，第459页。
[3] 中共中央马克思恩格斯列宁斯大林著作编译局编译：《马克思恩格斯选集》第1卷，人民出版社2012年版，第345页。

基础性也体现为"基本的均等化",也就是与民众的基本需求相适应的公共服务供给满足程度的平等性。正因如此,党和国家始终关注民生服务的基础性,高度重视基本公共服务的发展,为民众在教育、医疗、养老、住房等基本需要提供相应的基础性服务。在经济由高速增长阶段转向高质量发展阶段的基础上,作出了"扎实推动公共服务高质量发展"的准确判断,并不断推动实现基本公共服务均等化,从而为实现与民众基本需求的提升相适应的公共服务供给奠定了基础。因此,针对基础性民生服务所具有的"保障基本""适应发展""基本均等"等特征,应当进一步完善保障民众基本需求的制度体系。在扎实推动公共服务高质量发展中,应进一步与时俱进地提升基本公共服务的标准,扩展基本公共服务的范畴。此外,基础性民生服务不仅在于为民众提供满足其基本需求的服务,也体现在公共服务制度体系中的基础地位上,以及这种基础性地位带来的稳定性。这也需要对基本公共服务的对象、内容、行动等进行进一步明确,并在制度体系中与非基础性的相关内容进行明确划分,使"基础性"在公共服务制度体系中得以"落地"。

(三)兜底性民生服务发展

贫困是当今全球范围内普遍存在且亟须解决的难题。消除贫困是世界各国长期以来不断追求的目标。对于社会主义国家而言也不例外。马克思指出:"刚从资本主义社会产生出来的共产主义社会第一阶段,是不可避免"会存在一些"弊病",[1] 即"在经济、道德和精神方面都还带着它脱胎出来的那个旧社会的痕迹",[2] 加之受到各类"社会性"因素的影响,[3] 因而贫困也会出现在社会主义国家中。兜底性民生保障就是在其他保障

---

[1] 参见中共中央马克思恩格斯列宁斯大林著作编译局编译:《马克思恩格斯选集》第3卷,人民出版社2012年版,第364页。

[2] 中共中央马克思恩格斯列宁斯大林著作编译局编译:《马克思恩格斯选集》第3卷,人民出版社2012年版,第363页。

[3] 参见王峰明、牛变秀:《如何看待现实社会主义的贫困问题——与何祚庥先生商榷》,《河北学刊》2017年第1期。

都无法满足民众基本需要时,为避免民众陷入贫困而对其提供的最后保障。在过去较长一段时间里,我国的兜底性民生保障主要关注为困难群体的基本生产生活需求提供保障,并形成了以基本生活保障为基础的社会救助体系。

2021年2月25日,习近平总书记在全国脱贫攻坚总结表彰大会上庄严宣告,"我国脱贫攻坚战取得了全面胜利"[1]。经过脱贫攻坚阶段的不懈努力,我国脱贫人口的收入和福利水平得到大幅提高,"两不愁三保障"全面实现,教育、医疗、养老、住房等条件得到明显改善。脱贫攻坚任务目标完成后,我国贫困状况已发生重大变化,反贫困重心将转向解决相对贫困。相对贫困不仅意味着收入水平低于社会平均水平,还意味着教育、健康等人力资本同样低于社会平均水平。这表明了兜底性民生保障的内容将不仅限于物质救助层面,也要扩大到服务救助领域。因此,兜底性民生保障的覆盖面将进一步扩大,手段将更为丰富,其中的服务功能也将得到进一步完善。通过兜底性民生服务帮助困难群体提升个人能力、创造就业机会,从而远离贫困。因此,兜底性民生服务将是新时期党和国家保障民生的一项基础性工作。

但是当前的兜底性民生服务还存在服务救助水平较低、服务对象的覆盖面较窄、服务体系建构不够完整、服务质量有待提高等问题。为此,应当在进一步明确兜底性民生服务发展重要性的基础上,加快推动其朝向解决相对贫困的目标转移,着眼于更大范围的服务对象,在致力于提升低收入人群的收入和生活水平的同时,更加注重为困难群众提供更有效的能力提升服务,增强其就业能力。针对就业困难群体应提供符合其切身需求的专项救助服务,建立应对困难群众各类需求的服务体系,打造高水平、专业化的服务人员队伍,逐步缩小城乡区域间的服务差别。

---

[1]《习近平庄严宣告:我国脱贫攻坚战取得了全面胜利》,新华社,http://www.gov.cn/xinwen/2021-02/25/content_5588768.htm?Gov。

后 记

2021年9月，一位"挑剔"的资深编辑向我们的作者提出一个问题：市面上出了那么多关于共同富裕的书，可是谁愿意看呢？普通人面临那么多烦心事，该怎么解决？共同富裕从口号、愿景、目标到成为现实中的工作任务，一路走来，从党和政府的施政理念以及学者的学术考察来看，是有规律和轨迹可循的，是与共产主义理想以及中国自古以来的大同理想具有逻辑一致性的。

每个人都是这个社会不可或缺、享有尊严和发展权利的一分子。而推动共同富裕恰恰就是涉及每个人切身利益和福祉的重大社会工程，因此有必要把每一个社会个体"带入"到共同富裕的场景之中。从这个意义上说，让理论真正地获得群众理解和认同，通过"理论掌握群众"，实现理论向物质力量的转化和飞跃，对于凝聚全民意志，推进全社会参与共同富裕社会建设，功莫大焉！

让共同富裕话题引起普通读者的兴趣，让大家认同共同富裕不只是国家的事，也是每个人自己的事，让共同富裕的理论被陷入"躺平、焦虑、内卷、仇富"等各种现实问题和烦恼中的不同群体掌握，是这本书创作的初衷和缘由。我们希望传递出这样的观念：一个繁荣的、具有共同富裕特征的社会，每个群体，乃至每个人，都能找到自己的位置，活出自己的精彩，社会也应当创造这样的条件和氛围。这似乎显得有些遥远，但理想和信念需要被点燃，让理想照进现实，才能在现实中成就理想！

在创作过程中，我们参考了市面上近两年来出版的十几种相关著作。我们一方面从中学习和汲取知识精华，另一方面也不断感受到并坚信这本书的切入点是新鲜的、正确的。真正地瞄准人群，把每一个人作为社会主体带到共同富裕的道路上去，这才是真正体现以人民为中心的发展理念。所以，我们从人群、职业、地域、代际等维度对共同富裕进行立体化描绘。我们不仅关心低收入人群、乡村和西部的其他人群，还关心共同富裕道路上的青年，他们是未来的主人翁，其中既有白领，也有农民工。我们还第一次认真讨论了高收入人群，在这里，他们不只是被动的捐赠者，也有理由成为共同富裕的先行者。

从提出创意开始，本书的创作前后历时一年。第一阶段为组建队伍和磨合写作思路。在基本创作思路确定之后，我们根据策划大纲所涉及的各章节主题，以中国社会科学院研究人员为主，组建了作者队伍。各位作者进一步对章节提纲进行细化，或提出新的思路，最后写作组进行了一次深入全面的研讨，各作者再在此基础上修订写作提纲。第二阶段为分头创作，在2022年的"五一"前后陆续交稿。第三阶段为反刍修改，由两位主笔作者分别与每章作者对照策划大纲，对初稿进行细致的讨论与修改，一般都修改了两到三轮。第四阶段为统稿，主笔作者与出版机构负责人就书稿全文、装帧设计、发行宣传等问题进行了讨论，随后主笔作者对整部书稿进行了全方位调整修改，将分散在各章的各位作者的智慧更好地统一串联起来，使"以人民为中心的共同富裕"这条主线更加凸显，进一步贴合创作的初衷。

本书是学者和出版者集体合作的结晶。本书作者分别来自中国社会科学院农村发展研究所、哲学研究所、社会学所,以及西北大学、北京工业大学、山东师范大学,涵盖经济学、社会学以及哲学三个学科。杜志雄研究员撰写了导言和第八章,檀学文研究员撰写了第一章,李静研究员撰写了第二章,杨穗副研究员撰写了第三章,年猛副研究员撰写了第四章,王颂吉副教授撰写了第五章,朱迪研究员和高海燕博士撰写了第六章,周丹研究员撰写了第七章(罗新茂亦有所贡献),崔超博士参与了第八章的撰写。杜志雄、檀学文和李静进行了统稿,全书由杜志雄审定。我们很荣幸地邀请到了中国社会科学院学部委员、国家高端智库首席专家蔡昉研究员为本书作序。他在序言中列出"长期""短期"和"供给侧""需求侧"两对因素的交叉组合,立足中国国情,有力地论证了共同富裕作为长期任务的现实紧迫性。北京时代华文书局对本书作为重点产品的立项和出版高度重视,陈涛总经理和宋启发总编辑亲自参与有关问题的讨论和决策,徐敏峰主任提供及时便利的项目管理,责任编辑周海燕老师及其团队提供了极其出色的编辑和装帧设计服务。

  最后,我们想解释一下书名。起一个好的书名,既是为了吸引读者的注意,也是为了体现出本书与其他同类著作的区别,更应当体现本书的核心思想和特色。全书立意是在一开始就定下的,但是书名几乎是在最后一刻才确定。经历了多轮的来回推敲,幸运的是回到了初心。本书的副标题直接体现了以人民为中心的写作思路,但是似乎还不够劲,究竟如何体现才好呢?我们从主书名给出了一个答案。一方面,共同富裕追求的是什么?我们认为应该是"共享福祉",即大家福祉水平的共同提升而不只是收入或财富的增长;另一方面,应该怎么追求共同富裕?我们希望用"至善求索"来概括国家和老百姓的共同追求,"至善"代表某种终极追求目标,"求索"则代表积极正向的努力追求,这是自孔子、亚里士多德、孙中山以降的先贤们的共同志向,更是中国共产党"为中国人民谋幸福,为中华民族谋复兴"的不变初心。

党的二十大刚刚在北京召开,树立了以中国式现代化全面推进中华民族伟大复兴的雄心,将实现全体人民共同富裕确定为中国式现代化的本质要求之一。如今我们更有信心,即使我们离至善还有很远的距离,但是为至善而求索、为共享福祉而奋斗,何尝不是所有人共同的责任、追求以及人类希望之所在!